批判する／批判される
ジャーナリズム

OISHI YUTAKA

大石 裕

慶應義塾大学出版会

はじめに

ジャーナリズムは、今、危機の中にある。インターネットの普及によって、新聞や放送への依存度が低下し、ニュース離れが進んでいることは、もちろんその一因ではある。しかし、問題はそれだけではない。知られるように、政権・与党がさまざまな形でジャーナリズムに影響を及ぼそうとしているからである。

日本のジャーナリズムは、憲法をはじめ法制度によって自由な活動が保障されている。しかし、政権・与党の度重なる「牽制球」によってジャーナリズムが委縮し、あるいは自粛しているのではないかという批判は後を絶たない。政権・与党は、政治の主導権を握っている。日本の政治の場合、官僚機構という政策立案集団をかかえ、さまざまな政策を打ち出し、その必要性と正当性を主張することができるからである。

ジャーナリズムは、そうした動きをとりあえずは一般市民に伝える責務を負っている。政権・与党が、ジャーナリズムの権力監視のもっとも重要な、かつ批判の対象となる理由がここにある。こうしたジャーナリズムの機能は、日本をはじめ民主主義社会では当然視されてきた。この機能を前提として、客観報道、公平・中立な報道という問題も論じられてきた。

ところが、この前提や理念と相容れない、政権・与党の、あるいは一部有識者の発言が相次いでいる。日本のジャーナリズムの根幹が揺らぎつつある。批判精神を持つジャーナリズムの存在が、民主主義社会にとって不可欠であることはいうまでもない。言論の自由の核心は、批判する自由にある。他方、ジャーナリズムを批判するのも自由でなければならない。ジャーナリズムは、自らを批判する声につねに耳を傾けなければならない。これが『批判する／批判されるジャーナリズム』という本書のタイトルが意図するところである。本書を貫く問題意識は、まさにこの点にある。

政治に対するメディアの影響力が大きくなる、いわゆる「メディア・ポリティクス（メディア政治）」の傾向が一段と強まる中、ジャーナリズムはどのような役割を果たすべきなのか。メディア政治がポピュリズムの流れを加速する民主主義社会において、ジャーナリズムはその渦から脱し、歴史的な文脈を適切に意識しながら、鋭い問題提起を行い続けることができるのであろうか。私たちは今、こうした視点からジャーナリズムを見つめ、評価していく必要がある。

辺見庸はかつて、戦後日本の民主主義に対して、次のような重い言葉を投げかけたことがある。

「個人として半身を世間に埋め込み、もう一方の半身で進歩的なことをいってみせる。……戦後民主主義というのはじつは世間だったのではないかと最近思っています。戦後民主主義は世間を超克しえなかった。そのため世間というものがいま、はなはだしい暴走をはじめているのではないでしょうか。」（辺見庸『愛と痛み』河出文庫）

辺見はいつも刺激的な発言を行う。社会に対する批判、あるいは怒りが、辺見の一貫した論理の中で躍動し、読者の世界観を揺さぶるのである。辺見は共同通信社の記者であった。特派員も経験した。世界をめぐって貴重なルポルタージュも著した。そうした経験に独特の文体が溶け合うことで、辺見の評論は際立つものとなっている。

私の評論は、「世間」を「超克」できたであろうか。「世間の暴走」を抑制するのに少しでも役立つだろうか。それとも、日本の戦後民主主義と同様、「世間」の枠の中に、おとなしく収まってしまっているのだろうか。「臆病」な日本のジャーナリズムを批判しながら、自ら自制の罠に陥っているのではないか。本書をつくりながら、そんなことを考えていた。

私のジャーナリズム論は、いわゆる専門書だけでなく、辺見庸、沢木耕太郎、保阪正康といったジャーナリストやノンフィクション作家たちの作品に触れながら、そして多くの新聞記者や放送記者との出会いを通じて、形成され、構成されてきた。

ジャーナリズムについて語り、論じるためには、それを取り巻く社会的な文脈に目を配りつつ、歴史の中にすえて検証する必要がある。また、ニュースが制作される際に働くさまざまな力についても多角的に考察することも重要である。こうした作業は、一見、遠回りに見えるかもしれない。しかし、ジャーナリズムを語る際には欠かせない（第1章～第3章）。

また、二〇一四年の夏に生じた「朝日誤報問題」など、ジャーナリズムに対する厳しい批判も存在する。本書では、そうしたジャーナリズム批判、そして日本のジャーナリズムの問題点について、いくつかの出来事を取り上げ、具体的に論じてみる（第4章～第9章）。最後に、ジャーナリズム教育について新聞を中心に現状分析と若干の提言を行い（第10章）、ジャーナリズムについて考えるために役立つと思われる本も数冊掲げてみる（第11章）。

本書に収録した評論を執筆する機会を提供して下さった編集者の方々、特に朝日新聞社の宮田謙一、岡田力、吉田貴文、北郷美由紀の各氏、そして日本民間放送連盟の安斎茂樹氏には心から謝意を表したい。また本書の企画から出版に至るまでお世話になった、慶應義塾大学出版会の乗みどり氏にも御礼申し上げる。なお、本書のいくつかの章は、慶應義塾大学メディア・コミュニケーション研究所研究・教育基金プロジェクトの成果である。

最後に、この言葉を再度述べておきたい。言論の自由の核心は、批判する、批判される自由にある。

大石　裕

目次

第1章　ニュースとニュースバリューを考える

1　ニュースとは何か

ジャーナリズムについて語るにあたり、ニュースとは何かという問題についてまず考えてみたい。以下のような特徴を持つ情報、それがニュースといえる。

第一に、ニュースというのは、社会の多くの人々にとって新しい情報でなければならない。昨日の出来事、今日の出来事、今起きている出来事がニュースになる。ただし、過去に生じた歴史的な出来事でも、ニュースになることがある。

たとえば、二〇〇六年七月二〇日、日本経済新聞に「昭和天皇が一九八八年、靖国神社のA級戦犯合祀に強い不快感を示し、『だから私はあれ以来参拝していない。それが私の心だ』と、当時の宮内庁長官、富田朝彦氏（故人）に語っていたことが一九日、日本経済新聞が入手した富田氏のメモで分かった」という記事が掲載され、大きな反響を呼んだ。

いわゆる「富田メモ」に関するこの記事の場合、首相や閣僚の「靖国参拝」という問題が、メディアをはじめ日本社会の大きな関心事だったことから注目度を高めることになった。もちろん、昭和天皇のこの発言自体は当然過去の出来事（一九八八年）である。記者が「富田メモ」を入手したことで、昭和天皇の発言という新たな事実が「発見」されたのである。このように事実や出来事が発見され、報道された時点で、それが新しく、新鮮な情報と社会の多くの人々が認識すれば、それはニュースになる。

第二に、ニュースとは社会の多くの人々の利害にかかわる情報、あるいは関心を持つ情報である。マスメディアの場合、社会というのは基本的には国家と言い換えることができる。国家全体の利益、すなわち「国益」にかかわる、あるいは「国民の関心事」といわれる出来事や問題が、ニュースとして扱われる傾向が高くなる。また、地方紙などの地域メディアの場合には、当然、それぞれの地域社会で生じた問題が重視されることになる。

ニュースという情報の特徴は、このようにまとめることができる。それに加えて、社会に向けて発信される情報について考える場合、それが社会の中で流れる（フロー）だけでなく、社会で蓄積される（ストック）という点は非常に重要になる。特にニュースの場合、ストックされることで、それが社会で共有される情報、さらには知識となる可能性が存在するからである。そして、そうした情報や知識が次なるニュースのフローやストックのされ方に重大な影響を及ぼすことになる。私たちは、さまざまなメディアからニュースを受けとっているが、それを通じて得られた知識がその後に生じる出来事に影響を及ぼすと考えられる。

たとえば、ある政治家が不適切な「問題発言」を行い、批判をあびたとする。本人は強い信念を持ってその発言を行ったとしても、多くのメディアに批判され、世論がそれに同調すると、その政治家はその種の発言を控えることがある。これは、ニュースによって作られた知識を通じて、政治家が自らの発言や信念の修正を迫られた結果と見ることができる。要するに、ニュースを通じて社会に広まった情報や知識が、その後のニュースだけでなく、この場合は政治家の発言という出来事それ自体に影響を与えるわけである。

こうしたことは、ジャーナリズムの中でも生じる。過去に生じた衝撃的な出来事、それに関する大々的な報道や世論の強い関心は、ジャーナリズムの中でも知識として蓄えられ、その後の報道にも大きな影響を及ぼすことになる。先の例の場合、問題発言を行った政治家のその後の発言に強い関心を持ち、積極的に報道する傾向が強まることになる。これが、後述するジャーナリズムのニュースバリューの問題である。

こうして見ると、ニュースという情報はさまざまなメディアを通じて日々伝えられているが、同時に知識として、あるいは経験や記憶として社会に蓄積、あるいは共有されることがわかる。そうした知識や経験、そして記憶は、人々の考え方や価値観、たとえば物事の善悪を判定する基準を形成することになる。ニュースは、たんなる情報ではないのである。

2　ニュースバリューの重要性

ニュースについて論じる際、いくつかの重要なキーワードが存在する。その一つがニュースバリューである。ニュースバリューとは、社会で生じる出来事について、それをニュースとして報道する価値があるか否かを測る基準というように要約できる。あるいは、ニュースとして報道される複数の出来事、すなわちニュースの項目の間での重要度を測る基準という意味もニュースバリューという言葉には備わっている。テレビニュースの場合には、どの出来事をトップで報じるのか、どの程度の時間をかけて報じるのかを判断する基準がそれにあたる。

じつは前述したニュースの特徴というのは、そのままニュースバリューにあてはめることができる。すなわち、新たに生じた出来事、そして社会の多くの人々の利害にかかわる、あるいは関心を持つ出来事に関する情報が、高いニュースバリューを与えられるのである。ただし、ニュースバリューに関しては、これまで数多く研究が行われ、より具体的な項目もあげられてきた。以下、そのいくつかを掲げておく。

①紛争や対立。個人、組織、国家、それぞれのレベルで生じる紛争や対立はニュースになりやすい。世界各地で生じる戦争やテロはその代表例である。

②地理的に近い場所で生じた出来事。日本にとってのアジア諸国、特に中国、韓国、北朝鮮のニュースが多いのはこのためである。

③予測できない突発的な出来事。地震などの大災害、飛行機事故などがこの項目にあたる。

④継続している出来事。いったん社会の関心を集めた出来事に関する情報は引き続きニュースになりやすい。また、定期的に開催されるイベントもニュースとして報じられる傾向が高くなる。

⑤社会的に影響力のある人物。政治、経済、社会、文化といった分野で影響力を持つ、あるいは注目されている人物、すなわち「有名人」の言動は、社会の注目を集め、ニュースになる可能性が高くなる。政治指導者や皇族、さらには芸能人などがそれにあたる。

⑥国際的な影響力の強い国家。国際社会で、政治力、軍事力、経済力を持つ国家の動向は注目され、ニュースになりやすい。アメリカの大統領選挙、中国経済の動向などはその典型的な例である。

⑦映像的魅力。これは特にテレビのニュースにあてはまる項目である。新聞などの活字メディアとは違い、映像の衝撃度や面白さがニュースの価値を決める場合がある。

⑧ ニュース項目間のバランス。ニュースは事件や事故など社会にとって問題になる出来事を扱うことが多いので、逆に人々の気持ちを和らげるような出来事を報じて、バランスをとることがある。特に新聞の場合には、総合面のほかに、政治、経済、社会、国際、文化、スポーツなど、ニュースの種類ごとに紙面が構成されているので、よほどの大事件が生じないかぎり、この構成が考慮されることになる。

ニュースバリューは、おおむね以上のようにまとめることができる。しかし、これらの基準が絶対的なものではないということは、決して忘れてはならない。同じ日に衝撃的かつ重大な出来事が複数生じた場合、それらの出来事は比較され、瞬時にその重要度が判断され、報じられることになるからである。ニュースバリューはあくまでも相対的な基準である。

ニュースを伝える時間やスペースには限りがある。それゆえ、複数の出来事やニュースの項目の間で比較が行われ、テレビのニュースや新聞の紙面が作られることになる。この作業は、インターネットのニュース、たとえば多くの閲覧者がいるヤフーニュースなどでも行われている。もちろん、「阪神・淡路大震災」(一九九五年)、「地下鉄サリン事件」(同)、「アメリカ同時多発テロ」(二〇〇一年)、「東日本大震災」(二〇一一年)のような、衝撃度がきわめて大きい出来事や事件の場合には、報道する時間やスペースの枠は拡大されたり、取り払われることもある。

加えて、ニュースバリューは各メディア、すなわち新聞社、各放送局などによって異なるという点も重要である。各メディアのニュースバリューに関する判断は、ニュースの内容や構成に反映されることから、新聞紙面やテレビやラジオ、そしてネットで扱われるニュースは異なることになる。ニュースバリューというのは、各メディアの個性や価値観そのものだといえる。その一方で、各メディアがニュースとして取り上げる出来事やその伝え方が類似する場合もよくある。前掲のようなきわめて重要な出来事が生じると、そうした傾向は強まる。その場合、新聞読者、テレビ視聴者、ラジオ聴取者は、かなり限られた出来事や解説だけに接することになる。

ニュースバリューにしたがって、各メディアはニュースを制作しているが、その過程は次のように単純化して示すことができる。それは、「社会的出来事の選択→取材によるニュースの素材の収集→ニュースの素材の編集と整理→ニュースの提供」という一連の流れである。この一連の作業は、新聞社、通信社、放送局といったマスメディアの場合、基本的には各々の組織に属する記者や編集者によって担われている。

ただし、戦争報道などの場合には、そうした組織に属さないフリージャーナリストが取材した素材が使用されることもある。近年では、スマートフォンなどの新たなメディアの普及により、一般市民から提供される情報（特に映像）が、ニュースの素材として用いられるケースもよく見られるようになった。

ニュースの制作という一連の過程の中で、出来事は取捨選択され、選ばれた複数の出来事の重要度は比較され、優先順位がつけられることになる。この作業については、広い意味での「編集」という言葉で置き換えることもできる。要するに、出来事からニュースにいたる過程の中で編集という作業がつねに行われ、その工程で重要な役割を果たすのがニュースバリューなのである。

3　政治の中のジャーナリズム

社会問題、経済問題、外交や国際問題など、さまざまな問題が絶え間なく日々生じている。政治家や官僚といった政治エリートは、それらの解決を目指して政策を立案し、議論し、施行している。ただ、解決すべき問題や争点の優先順位、そして解決の手法をめぐって意見や方針が対立することは日常的に見られる。議会における政党間、そして省庁間での対立がそれにあたる。また、その問題、争点、政策が一般市民の関心を集める場合には、そうした対立は世論を巻き込み、たとえば社会運動（デモなど）といった形態をとって表面化することもある。

ニュースは社会の状況を人々に伝える重要な役割を果たしている。たとえば、日本社会で長く懸案になっている沖縄の米軍基地という問題が存在する。沖縄の米軍基地を縮小すべきか否か、縮小するとしたらどのように行うべきか、その場合、日本の防衛や日米関係は今後どうなるべきかという問題に関しては、日本政府と沖縄県、そして一般市民の間でもさまざまな意見が対立し、現在もなお合意がなかなか得られないでいる。

こうした問題をいかに解決し、あるいは解決に向けてどのように社会的な合意を形成していくのか。解決すべき問題に関して、議論を積み重ね、有効な政策を打ち出していくこと、それが政治家や官僚といった政治エリートの役割であり、使命である。その過程でジャーナリズムは、問題や争点に関する議論や政策について報じることから、一般市民の態度や感情、すなわち世論の形成や変化と深くかかわることになる。

日々生じる問題や争点に関して、賛成や反対の意見が公の場で自由に述べられること、すなわち言論・表現の自由が保障されることは、民主主義にとって不可欠な要件である。それゆえに、世論形成の重要な担い手であるジャーナリズムが、一定の節度を保ちながらも自由に報道、解説、論評を行うこと、あるいは行えること、それが民主主義にとっては非常に重要になる。このような政治システムと言論環境が存在するからこそ、ジャーナリズムは社会の中で大きな役割を果たすことができるのである。

他方、そうした重要性のゆえに、ニュースの制作というジャーナリズムの活動に対しては、さまざまな影響力、すなわち権力が作用することになる。ジャーナリズムはさまざまな権力とのせめぎ合いの中で日々活動している。こうした、まさに権力作用の中でジャーナリズムは活動しているのである。ここでは、この状況を「政治の中のジャーナリズム」と表現し、以下この問題を中心にジャーナリズムについて考えてみる。

第一に、情報を提供する情報源や取材源からのジャーナリズムに対する影響があげられる。社会部の記者の場合には警察が、政治部の記者の場合には政治家が主な情報源にあたる。こうした情報源は、ジャーナリズムに対してたんに情報提供を行うのではない。さまざまな思惑のもとに、情報を提供する方がはるかに一般的である。ジャーナリストに対する情報提供の場として有名なのが、日本の記者クラブである。記者クラブとは、日本新聞協会によると「公的機関などを継続的に取材するジャーナリストたちによって構成される、取材・報道のための自主的な組織」と位置づけられている。その一方で、記者クラブは情報源からの権力が行使される場だとよく批判される。マスメディアにとっての有力な情報源である政治エリートが、記者クラブを通じて情報操作を行い、世論操作を試みるといったケースが見られるからである。

この点と密接に関連して、第二に、ジャーナリズムの責任と倫理にかかわる問題が指摘できる。放送ジャーナリズムの場合、日本の放送法では、「放送の不偏不党、真実及び自律を保障することによって、放送による表現の自由を確保すること」(第一条の二)が定められ、そのうえで第四条「国内放送等の放送番組の編集等」において、「一、公安及び善良な風俗を害しないこと。二、政治的に公平であること。三、報道は事実をまげないですること。四、意見が対立している問題については、できるだけ多くの角度から論点を明らかにすること」が倫理規定、あるいは努力規定として存在する。また日本新聞協会が定めた「新聞倫理綱領」においても、「報道は正確かつ公正でなければならず、記者個人の立場や信条に左右されてはならない」という一文がある。

放送法や新聞倫理綱領のこうした条文については、一般市民が正確な情報を得るために、あるいはジャーナリズムが一般市民から信頼を獲得するために、必要かつ実践されるべきという主張が存在する。実際、政治エリートはさまざまな法律や倫理規定を用いて、マスメディアが伝達する内容に影響を及ぼす可能性を持っているし、実行する場合もある。ジャーナリストの側も、そうした影響力を感じ取ることで、自主規制をすることもある。

これらの法律や倫理条項にもとづくならば、報道する際には「事実と意見」は分離すべき、といった主張は当然のごとく受け入れられることになる。すなわち、出来事に関する報道と、自らの見解を提示することは分離しなければならない、さらには自ら抱く意見が報道の仕方に影響を及ぼすべきではないというわけである。

しかし、公平・公正なニュース、そして客観的な報道を個々の記者や編集者、そして各メディアに求め、彼らがそれを実践することは実際には非常に困難である。極論すれば、不可能だともいえる。なぜなら、前述したように、各メディアは一連のニュースの制作過程において、各々のニュースバリューにもとづいて出来事を選択・取材することになるが、この段階ですでに各々のメディアの価値判断、すなわち客観的あるいは公平・公正とは対立する、主観的な判断が必ず入ることになるからである。

また、ある問題や争点に関して社会で意見が対立している場合、メディアはやはりそれらの意見の重要度、およびその適切さや妥当性を独自に判断し、報道することになる。したがって、前掲の放送法（第四条の四）にもあるように、意見が対立している問題でも、「できるだけ」という前提あるいは条件を付して、多様な角度から論点を明らかにするように努力するしかない。

さらに、ジャーナリズムの重要な機能の一つが世論形成である以上、各メディアは多様な意見を紹介し、論点を明らかにするだけでなく、その作業を通じて社会に向けてメッセージを発し、政治エリートや一般市民に影響を及ぼすことも重要な責務となる。それこそが、言論・表現の自由の持つ重要な意味であり、意義だからである。

確かに、事実と意見は分離すべきという主張は、努力目標としては尊重されるべきである。しかし、各メディアが、あるいは各々のジャーナリストが抱く意見は、事実の報じ方にも当然影響を及ぼすことになる。これがニュース制作の実情である。それゆえジャーナリストは、その点を自覚しながら報道、解説、論評を行う必要がある。取材される側も、そしてニュースを受け取る側も、そのことを十分認識し、そのうえでメディアやジャーナリストを評価すべきなのである。

第三に、マスメディアが情報を「商品」として受け手に提供するという点から派生する営利主義、あるいは商業主義という問題が存在する。ニュースにしてもそれが商品である以上、できるだけ多くの一般市民が関心を持つと思われる情報を提供することになる。その場合、社会に対して伝えるべきと考える情報よりも、一般市民が反応しやすい情報が優先されることになる。それに加えて、わかりやすい表現で情報を届けることが重要になる。それはニュースの伝え方にも影響する。そうなると、過去に生じた類似の出来事を連想させる表現が多用されることになる。その方が、一般市民は理解しやすくなるからである。こうしたニュースの傾向は、テレビの場合にはニュース番組の娯楽化、すなわち「インフォテインメント」化という現象に典型的に見られる。これは「インフォメーション（情報）」と「エンターテインメント（娯楽）」を結びつけた言葉である。

これらの点は、新聞読者やテレビ視聴者が、ジャーナリズムに対し間接的に影響を及ぼしているという見方を導き出すことになる。日本の場合には公共放送であるＮＨＫを除けば、メディアは基本的には利潤を追求する民間企業によって運営されているので、ニュース番組の娯楽化、そして情報の過度な商品化という危険性はつねに存在する。近年はＮＨＫもそうした傾向とは無縁ではないようである。

4　ジャーナリズムの中の政治

これまで、ニュースの制作の過程において、ジャーナリズムの外部から作用する影響力について考えてきた。もちろん、先に述べたメディアの「自主規制」のように、そうした外部からの影響力をジャーナリズムの業界や組織、そして個々のジャーナリストが意識し、自ら活動を規制し、制約することもある。ただし、その一方で、ジャーナリズムの内部にも、じつはさまざまな影響力が存在し、作用していることを忘れてはならない。以下、この点について検討してみたい。

先に述べた「事実と意見」の分離、そして客観報道、公平・公正な報道というのは、個々のジャーナリスト、そしてジャーナリズムの組織や業界で共有されている規範、ないしは目標である。また、そうした規範をできるだけ守り、信頼に足る情報を提供するという点で、ジャーナリズムは社会から信用を得てきたという側面もある。ジャーナリストという専門職業人であるがゆえに、そうした規範や制約が存在している。ジャーナリストは自らが属するジャーナリズムという業界、あるいは組織に適応することで活躍の場を得ることになるからである。以下では、そうした制約について考えてみる。

第一は、前述したニュースバリューの問題である。出来事の重要度、ニュース項目の配列を決める際の基準であるニュースバリューは、ジャーナリズムの業界や組織の内部では比較的共有されている。だからこそ、マスメディアは比較的同じニュースを同じような配列で提供するのである。マスメディアの記者や編集者といったジャーナリストは、ニュースバリューを身につけることで、社会で生じた出来事の選択、そしてニュースの素材の編集と整理を迅速に行うことが可能になり、定期的なニュースの提供という使命を果たせるようになる。

しかし、その一方で既存のニュースバリューへの依存度が高すぎると、「前例」主義に陥る危険が生じてしまう。その場合、あまり前例のない出来事については、その重要性を判断する感度が鈍ってしまうことにもなりかねない。たとえ報道するにしても、前例にならって型にはまったニュースを制作してしまい、それによって出来事の本質が見えにくくなることもある。時には、本質を伝えられなくなることもある。各メディアのニュースの類似性が高まる一因がここにある。こうした事例は日々のニュースにおいて頻繁に観察されるが、それは「横並び報道」、あるいは「総ジャーナリズム状況」（新井直之）とも呼ばれている。

第二に、記者や編集者は上述の「横並び報道」とは正反対の、スクープ重視、すなわち「特ダネ」志向という傾向も同時に持っている。他のメディアやジャーナリストが伝えない出来事や事実を報じることに強い熱意を持つ。スクープはジャーナリズムの業界や組織において非常に高く評価される。その結果、個々のジャーナリストの間、メディアの間でスクープ合戦が繰り広げられることになる。

出来事や事件それ自体が社会で知られていない段階で、記者がその重要性をいち早く認識し、報道する場合には、そのスクープは大きな社会的意味を持つ。また、過去の出来事や事件に関して、これまで社会で常識となっている見方を覆すような事実を発見し、報道する場合も同様である。これらは、ジャーナリズムの重要な使命だといえる。しかし、それとは異なり、すでに多くのメディアが報道し、社会で話題になっている出来事や事件に関する、新たな（しかし、小さな）「事実」の発見というレベルにとどまるスクープも存在する。

ただし、スクープ志向というジャーナリストのこうした姿勢が弊害を生むこともある。報道する出来事の社会的な重要性よりも、スクープすること、それ自体が優先されるといった事態が生じてしまうからである。このことが特にあてはまるのが、先の新たな、小さな事実の発見にかかわるスクープの場合である。スクープ合戦に気を奪われるあまり、記者や編集者が本来報道すべき、他の重要な出来事に割り当てるエネルギーを減少させたり、あるいはその種の出来事に対する関心を低下させてしまうという事態が生じてしまうのである。

5　世論はどこにあるのか

これまで述べてきたように、ニュースというのは各メディアがニュースバリューによって出来事を取捨選択し、ニュースの素材を編集・整理した結果である。それではニュースは、社会の中でどのような役割を果たしているのだろうか。ここでは、世論とのかかわりを中心に考えてみる。

ニュースが報じられ、それによって世論が喚起され、その世論が政治家や官僚といった政治の世界で重要な役割を果たす人々に影響を及ぼすという例はよく見られる。この場合、一般市民の声が政治に反映されたことになる。したがって、こうした影響の流れについては、民主主義の理念が実践され、実現したものと評価することは十分できる。ところが、世論というのは非常にわかりにくいものである。ある問題や争点についての意見、たとえば賛成や反対といった意見の分布が世論であるという定義は確かに存在する。それでは、そうした意見の分布はどのように明確になるのであろうか。

まず、政治家を選ぶ選挙がある。選挙というのは民主主義においては世論あるいは民意を知るためのもっとも重要な制度化された手段である。また、ある特定の問題や争点をめぐって住民投票が実施されることもあるが、その結果も典型的な世論の一形態だといえる。あるいは、マスメディアの論調、それから有識者の意見が、世論を代表しているという見方もできる。さらには、市民運動や住民運動が生じて、その主張が人々の共感や支持をえる場合には、そうした運動も世論の表われといえるであろう。

でも、やはり世論という場合には、世論調査とその結果がまず頭に浮かぶであろう。ただし、世論調査というのは、じつはかなり不思議なものである。なぜなら、形のない、漠然とした人々の意見を、数字によって集合体として示すものだからである。

たとえば、内閣支持率に関する世論調査は、多くの人々が抱く内閣に対する漠然としたイメージを、「支持」対「不支持」という意見の集合体として数字で表わす。各メディアによって頻繁に実施される内閣支持率の調査結果を見ると、その数値はきわめて流動的であり、不安定である。政策に対する評価によって支持率が上下することもあるが、スキャンダルや失言、あるいはちょっとした言動などによって短期間のうちに変化することもよくある。

また、世論調査が新聞社や放送局などのマスメディアによって行われる場合、その結果は慎重に評価されるべきである。前述した、ニュースの制作過程にもとづいてこの問題を考えてみると、世論調査とはマスメディアが自ら作り出した「出来事」という見方もできるからである。世論調査の結果というニュースの素材が、マスメディア自身によって作られ、「編集」され、公表されるというわけである。この場合、調査対象とする問題や争点を選択し、質問項目や質問の仕方を決めるのもマスメディアであり、その結果を報じ、解説し、論評するのもマスメディアなのである。

こうして見ると、マスメディアの世論調査の結果に関する報道は、たんに社会の意見分布の状況を伝達するだけではない。マスメディアは世論調査を実施することで、重要な問題や争点を社会に提起し、それに関する報道を行うことで、世論の形成過程に積極的かつ意図的に参入し、それによって世論形成を行い、時には政策過程に影響を及ぼすことになる。世論調査は、マスメディアにとっては自らの主張を支える、あるいは補強する有力な手段という見方も十分できるのである。

実際、「池上彰の新聞ななめ読み」（朝日新聞、二〇一五年七月三一日）では、「安保法制」に関する読売新聞の世論調査に関して次のような見解が示されたことがある。

「驚くのは、質問の文章です。読売新聞は、世論調査で、次のような質問をしたのです。『安全保障関連法案は、日本の平和と安全を確保し、国際社会への貢献を強化するために、自衛隊の活動を拡大するものです。こうした法律の整備に、賛成ですか、反対ですか』こんな聞き方だったら、『それはいいことだ』と賛成と答える人が大勢出そうです。設問で答えを誘導していると言われても仕方ないでしょう。それでも、『賛成』は38％、『反対』が51％でした。」

こうした傾向は、じつは読売新聞に限らずさまざまなメディアの世論調査に見られる。各メディアは世論調査を設計し、実施し、そして結果を公表することで、世論や政策に深くかかわることになるのである。

6 水俣病報道の教訓

ジャーナリズムは、確かにニュースを通じて社会に対し問題提起を行うという重要な役割を果たしている。世論を喚起することで政策に一定の影響を及ぼすこともある。

前述したように、ニュースというのは新しい情報でなければならない。つい最近に生じた出来事、あるいは現在進行形の出来事、それを報じるのがニュースである。これは、どれほど重要な出来事であろうと、それが一定期間報じ続けられると、一般市民がその出来事やニュースに飽きてしまうことの裏返しだともいえる。同様の傾向は、むろんジャーナリストにも見られる。つねに新しい出来事を求めて、それを情報として社会に届ける、それがニュースという情報であり、そのニュースを制作するのがジャーナリズムであるという点をここではもう一度確認しておきたい。

その場合、ジャーナリストが出来事を選択し、ニュースを作る中で、非常に重要な出来事を見落としてしまうという事態が生じることがある。歴史的に振り返ってみれば、重要な問題を持続的になぜ報じなかったのかという疑問が投げかけられるケースがよく見られるのである。

一九五〇年代に生じた水俣病に関する報道はその代表的な例である。水俣病は一九五六年に「公式発見」がされたといわれている。この公式発見、その後の報道によって、水俣病は地域住民に深刻な被害を及ぼしていることが明らかになった。地元紙の熊本日日新聞、そして西日本新聞、全国紙もこの問題をニュースとして伝え、水俣病の悲惨な実態を広く知らせることに貢献した。ところが一九五九年末に、水俣病の原因となった有機水銀を海に排出していたチッソと被害者との間で「見舞金協定」が結ばれると、メディアの多くはこの問題は一応の決着をみたという判断を下してしまった。しかし、この公害病はまったく終わってはいなかった。

一九六〇年代後半、水俣病、新潟水俣病、四日市ぜんそく、イタイイタイ病、という四大公害裁判が始まった。日本社会では公害問題に対する関心が高まるようになった。しかし、それまでの間、すなわち一九六〇年から六八年までは、水俣病の「報道停滞期」と呼ばれる事態が生じてしまった。患者の数が増え続け、問題はより深刻化していたにもかかわらず、多くのメディアは水俣病について積極的に報道せず、この問題の重大さを社会に強く訴えることに消極的になってしまった。歴史的に振り返ってみれば、きわめて重要な出来事について、当時のメディアが積極的に報道しなかったというわけである。「ジャーナリズムの不作為」が生じてしまったのである。

このことは、私たちにじつに多くの教訓を与えてくれる。現在生じているさまざまな出来事の中に、本来報道されるべきものがあるのではないか。それをメディア、そして一般市民は見落としてしまっているのではないか。ジャーナリズムは日々のニュースを通して、確かに多くの重要な情報を提供している。その反面、ジャーナリズムは重要な問題を見落とさせる、忘れさせるという機能も果たしている。これこそがジャーナリズムがかかえるきわめて重要な問題なのである。

第2章　戦後日本のジャーナリズムをたどる

1　二〇一五年・日本のジャーナリズム

ジャーナリズムは時代とともにある。最初に、時代を記録し、歴史を作り上げるのがジャーナリズムである。ジャーナリズムによって記録された出来事は、通常は事実として社会で記憶されることになる。それでは戦後の日本のジャーナリズムは、社会とどのように向き合い、何を記録し続け、歴史を作り上げてきたのであろうか。

二〇一五年は、日本社会にとって大きな転換の年であった。復古的ナショナリズムを志向するといわれる安倍晋三首相が八月一四日に「戦後七〇年談話」を発表し、九月一九日に「平和安全法制関連二法（安保法制）」が成立したからである。この談話を作成するにあたり、安倍首相は「二一世紀構想懇談会」（座長・西室泰三）を設け、議論されることになった。主要メンバーの一人であった北岡伸一（副座長）は、この懇談会（第二回）で「二〇世紀の世界と日本の歩みをどう考えるのか。私たちが二〇世紀の経験から汲むべき教訓は何か」と題した発表を行った（二〇一五年三月一三日）。そこでは主に、近代日本の歩みについていくつかの見解が語られたが、最後に今後の日本の最重要の課題として「自由な国際的な政治経済システムを維持すること」があげられた。そして、その達成のためには「日本は一国平和主義であってはならない」、したがって「安倍内閣における積極的平和主義というのは、大変評価できる」という評価が下された（二一世紀構想懇談会編『戦後七〇年談話の論点』日本経済新聞社）。

各メディアの報道や解説を見ると、こうした安倍政権の政策に関する評価よりも、北岡が示した歴史認識の方にニュースバリューを認め、大きく扱っていた。たとえば、読売新聞は「北岡氏は、先の大戦での日本の行為について『歴史学的に侵略だと思っている』と説明した。北岡氏は九日に都内で開かれた討論会で、『首相に「日本は侵略した」と言ってほしい』と述べていた」（二〇一五年三月一四日、朝刊）と報じている。

「戦後七〇年談話」に関する各メディアの報道は、その後も歴史認識に焦点があてられていた。そうした中で、第二次世界大戦時における日本の行為とそれに対する反省、すなわち「植民地支配」、「侵略」、「痛切な反省」、「お詫び」といった四つのキーワードがこの談話に盛り込まれるか否かが主要な問題として注目されることになった。これらの言葉は、村山富市元首相の「戦後五〇年談話」（一九九五年）と小泉純一郎元首相の「戦後六〇年談話」（二〇〇五年）で用いられており、「七〇年談話」の中でそれらを採用するかどうかが安倍首相の歴史認識を評価する際の重要な基準になると考えられるようになったのである。

安倍首相はこれら四つのキーワードを「七〇年談話」に盛り込んだことで、国内外から一定の評価を得ることができた。ただし、「私たちの子や孫、その先の世代の子どもたちに謝罪を続ける宿命を背負わせてはならない」という言葉に関する各メディアの評価は分かれることになった。この見解が、戦争の反省、歴史認識という問題に一石を投じることを意図したと理解されたからである。

朝日新聞は、この談話に関する各新聞の主張を比較し、「安倍談話、各紙の社説割れる、毎日『日本が侵略か特定避けた』、読売『反省踏まえつつ針路示す』」という見出しをつけて報じた。それは、「戦後七〇年の節目に発表された安倍晋三首相の談話（安倍談話）をめぐり、新聞各紙の社説は評価が割れた。テレビは、ＮＨＫと在京の民放キー局の大半が記者会見を中継するなど、力を入れて報道した」（二〇一五年八月一八日、朝刊）というものであった。

二〇一五年の「安保法制」に関する論議も、在京六紙の評価は、「賛成」（読売新聞、産経新聞、日本経済新聞）と「反対」（朝日新聞、毎日新聞、東京新聞）に大きく分かれた。各放送局の解説や論評を含め、ジャーナリズムや世論の場における、こうした対立図式がかなり明確になった。もちろん、言論界のこうした状況は二〇一五年に特有のものではない。ただし、「戦後七〇年談話」

をめぐって、この状況が再度鮮明になったという言い方はできよう。

そこで以下では、一九四五年から一〇年ごとに歴史の断面を切り取ることで、「戦後七〇年」間の日本のジャーナリズムの歩みについて素描しながら、「戦後史」の再考を試みることにしたい。

2 敗戦～戦後一〇年（一九四五～五五年）——民主主義とともに

第二次世界大戦が始まる前から、日本は満州事変（一九三一年）以降、すでに戦争状態にあったという説がある。一九三一年から一九四五年までの一五年間、日本は戦争状態にあったというのである。「一五年戦争」という見方がそれである。満州事変は日本のジャーナリズムにとっても大きな節目であった。たとえば、それまで軍部の独走に対して比較的批判的であった朝日新聞も、この時期にその程度を弱めていく。というよりも、軍の方針を支持するようになった。

その要因としては、以下の諸点があげられている（朝日新聞『新聞と戦争』取材班『新聞と戦争』朝日新聞出版）。それは、①編集トップの判断、②右翼からの圧力、③軍の朝日新聞に対する敵対心（特に大阪朝日新聞は軍縮路線を支持していた）、④朝日新聞に対する暴力行為の怖れ、⑤不買運動、⑥満州という新たな市場への期待、⑦世論や他のメディアから孤立する恐怖、⑧社論の脆弱さ、である。そうした状況の中で、ジャーナリズムは日本が戦争に向かう際の旗振り役を担うようになっていった。その状況は、以下のように要約されたことがある。

「『そんな弱腰でどうする』『そんなことで国益は守れるのか』。政府の方針に対してメディアが声高に批判する。国際問題が起きたとき、理由のいかんを問わず、正義は日本にあると絶叫する。一つのメディアが強硬論を唱えると、ほかのメディアも一斉に同じことを言い募る。そして、多くの国民がそれを見て一斉に同調する。」（ＮＨＫスペシャル取材班編著『日本人はなぜ戦争へと向かったのか――メディアと民衆・指導者編』新潮文庫）

こうした「同調の連鎖」によって、日本は戦争へと突き進むことになった。そして、一九四五年八月一五日にポツダム宣言を受け入れ、敗戦・終戦を迎えることになった。翌四六年元旦に昭和天皇は「人間宣言」を行い、新憲法が公布されることで、国民主権・象徴天皇制への移行がひとまず完成した。「人間宣言」に関して朝日新聞は、「天皇現人神にあらず、君民信頼と敬愛に結ぶ」という見出しでこの宣言を報じている。

当時、日本国内は混乱をきわめていたが、同時に復興に歩み出そうとしていた。ところが、国際政治の力学は、否応なく日本を米ソ対立を中心とする冷戦の枠組みに組み入れることになった。

それは日本が「戦争責任」という問題を真正面から考え、論じる作業を妨げるという結果を招くことになった。そうした中で、日本のメディアはどのような「復興」の道のりをたどったのであろうか。

少しさかのぼるが、一九四五年一一月七日、朝日新聞は一面に宣言文「国民と共に立たん」を掲載した。その中で、上述した、政府、軍、世論とともに戦争へと日本社会を駆り立てることになった報道姿勢を強く自己批判したのである。この宣言は、次の一文で締めくくられている。

「今後の朝日新聞は、全従業員の総意を基調として運営さるべく、常に国民とともに立ち、その声を声とするであらう。いまや狂瀾怒濤の秋、日本民主主義の確立途上、来るべき諸々の困難に対し、朝日新聞はあくまで国民の機関たることをここに宣言するものである。」

朝日新聞に限らず、日本のメディアは戦前・戦時中の報道を反省し、立て直しを誓うことになった。ちなみにこの年の新聞発行総部数は約一四〇〇万、ラジオの受信契約世帯は約六〇〇万（普及率三九・六％）であった。

一九五二年、「サンフランシスコ平和条約」（一九五一年に調印）の発効により、日本は国際社会への復帰を果たすことになる。朝鮮戦争（一九五〇～五三年）の「特需」の恩恵を受けたこともあり、経済は急速に復興し始めた。一九五三年にはテレビの本放送が開始され、三年後の一九五六年になると「もはや戦後ではない」（経済白書）という言葉が登場した。この印象的な言葉は日本社会で広く共有され、記憶されるようになった。

この白書は続けて、「我々はいまや異なった事態に当面しようとしている。回復を通じての成長は終わった。今後の成長は近代化によって支えられる。そして近代化の進歩も速やかにしてかつ安定的な経済の成長によって初めて可能となるのである」と述べている。日本経済は、戦後の復興から次なる発展の段階に歩みを進め始めたこと、そして戦前とは異なる新たな「近代化」のシナリオ、あるいは「国家目標」が、この白書において示されたのである。その基盤には、むろん新憲法の下での民主主義体制の確立という目標が存在していた。

3　～戦後二〇年（一九五五～六五年）――経済成長の時代

戦後復興期のジャーナリズムが主張し、描こうとしたのは、第二次世界大戦という悲惨な戦争をふまえ、平和国家、経済大国、さらには文化国家を目指すべきという「大きな物語」であった。国政を見ると、一九五五年には政界では自民党の安定した「一党支配」が続きながらも、それに社会党を中心とする野党が対峙するという「五五年体制」が生まれた。

それから四年後の一九五九年は、戦後日本の社会とジャーナリズムにとって大きな意味を持つ年になった。皇太子明仁親王（今上天皇）と美智子妃が四月一〇日に結婚、パレードがテレビで生中継されたからである。テレビのみならず週刊誌や新聞も一連の皇室行事を積極的に報じ、「ミッチーブーム」が起きた。「象徴天皇制」が、これを機に「大衆天皇制」（松下圭一）の側面をあわせ持つようになり、それ以降、皇室の人々の言動に対しては一段とニュースバリューが付与されるようになった。メディア史の観点から見ると、この「メディア・イベント」を契機にテレビの普及が急速に進んだことは特筆すべきであろう。「ミッチーブームで（テレビ）受像機の生産台数は急カーブで上昇し、逆に、小売価格が下降カーブを描いていく。普及台数は二百万台を突破」（岡村黎明『テレビの社会史』朝日新聞社）することになった。

こうした慶事とは対照的に、日本社会は「政治の季節」を迎えていた。「六〇年安保闘争」が日本をおおったからである。岸信介内閣と自民党は、一九六〇年五月一九日に新しい日米安全保障条約法案を日米安全保障条約等特別委員会において強行採決し、同法案は翌二〇日に衆議院を通過した。多くの新聞が岸内閣のこうした政治手法に対し厳しい批判を行ったこともあり、「六〇年安保闘争」は一段と激化するようになった。こうした混乱の中で、この条約は参議院で議決されることなく、六月一九日に自然成立することになった。

この過程で六月一五日に流血惨事が生じたこともあり、在京新聞七社（朝日、毎日、読売、産経、日本経済、東京、東京タイムズ）は六月一七日、共同宣言「暴力を排し議会政治を守れ」を出し、多くの地方紙もこの宣言を支持し、紙面に掲載した。

それは、「民主主義は言論をもって争わるべきものである。その理由のいかんを問わず、またいかなる政治的難局に立とうと、暴力を用いて事を運ばんとすることは、断じて許さるべきではない」、「ここにわれわれは、政府与党と野党が、国民の熱望に応え、議会主義を守るという一点に一致し、今日国民が抱く常ならざる憂慮を除き去ることを心から訴えるものである」というものであった。この宣言は、結果的に「六〇年安保闘争」を鎮静化させる方向へと作用したという評価も行われ、ジャーナリズム批判の素材としてたびたび引用され、言及されてきた。

こうした流れの中で、岸内閣は新安保法の自然成立後に総辞職せざるをえなくなった。後継の池田勇人首相は「所得倍増計画」を打ち出し、当面の「国家目標」が高度経済成長であることを強くアピールした。国民の関心も政治から経済へと移行し、日本社会の雰囲気は大きく変化することになる。その後、やはり典型的なメディア・イベントともいえる東京オリンピック（一九六四年）が成功裏に終わり、国民は国際社会の一員としての自信を強めるようになった。テレビの普及は一段と進み、オリンピックを契機に普及率は八七・八％に達した。

この時期、忘れてならないのは、一九五六年五月一日に水俣病が公式確認（発見）されたことである（第1章、参照）。この日、チッソ附属病院が水俣保健所に「奇病」患者の多発を報告している。「公害の原点」といわれる水俣病をどう報じるか、ジャーナリズムは試されることになった。水俣病報道の先駆けは、一九五四年八月一日に地元の熊本日日新聞が報じた「猫てんかんで全滅、ねずみの激増に悲鳴」という記事である。九州の地方紙である西日本新聞も公式確認後の五六年五月八日、「死者や発狂者出る、水俣に伝染性の奇病」と報じた。ただ、一九五九年末にチッソと被害者との間できわめて不合理な「見舞金協定」が結ばれ、水俣病の一応の「決着」が図られると、報道も停滞期に入ってしまう。この問題は、周知のように今なお決着していない。水俣病をめぐるこの時期のメディアの対応からは、さまざまな課題が透けて見えるのも確かである。

4 〜戦後三〇年（一九六五〜七五年）――「成長神話」批判

「経済大国」への道を順調に歩み続けていたように見えた日本社会は、一九六〇年代後半、大きな社会問題に直面する。深刻な公害、そして環境破壊が顕在化し、ジャーナリズムも積極的に報道するようになったからである。各新聞も社説でこの問題を取り上げ、対策の必要性を強く主張するようになった。たとえば朝日新聞は、「水俣病と企業のモラル」と題した社説を掲載し、前述した「見舞金協定」に関しては次のような強い論調で批判した。

「（チッソは：引用者）病因が工場排水にあることを知りながら、将来の補償問題が起こらぬよう手を打ったことになる。しかしその一方で、操業はやめるわけにはいかぬと、排水中止にはがんとして応じなかった。……もうけさえすればという非人間的な考え方を、あたかも至上命令のように心得る企業の支配する社会は、やがて人間の存在そのものを拒否するに至るであろう。」（一九六八年九月八日、朝刊）

ジャーナリズムが経済発展優先の価値観に強い疑問を投げかけるようになったことを受け、環境問題は大きな社会問題として社会に広く認知され、一般市民の関心も高まるようになった。「反公害」「環境保護」の世論が大きなうねりとなって現われるようになり、一九七一年に環境庁が設置されるなど、国と地方いずれのレベルでも環境問題に対する政策が次々と打ち出されるようになった。

この時期、ベトナム戦争（一九六〇～一九七五年）の報道にも、ジャーナリズムは大きなエネルギーをさいていた。佐藤栄作政権はベトナムに軍事介入を行ったアメリカ政府を支持しており、この方針に対して批判を行う日本のメディアも数多く存在していた。その中で注目されるのは、ＴＢＳの報道番組「ニュースコープ」のキャスターであった田英夫の「ハノイ　田英夫の証言」

というレポートが、反米的という理由で自民党政府から強く批判され、降板するに至ったことである（一九六七年）。また、ベトナム戦争の前線基地として使用されていたのが、沖縄の米軍基地であった。当時、沖縄は米軍統治下にあり、この状況を勘案するならば、日本はまだ「戦後は終わった」といえる状況ではとてもなかった。

一九七二年五月一五日、沖縄はようやく日本に返還された。それに先立つ三月二七日、衆議院予算委員会で社会党の横路孝弘議員と楢崎弥之助議員は、沖縄返還に関する日米政府間の密約の存在を暴露した。両議員に資料を提供したのは毎日新聞の西山太吉記者であった。その後、この出来事は意外な展開を見せることになった。それは「西山事件」と呼ばれ、現在に至っている。

ちなみに一九七二年四月一五日の毎日新聞は、夕刊の一面トップでこの事件について報じている。そこでの見出しは、「西山記者と蓮見元事務官、国公法適用し起訴」、「〝機密文書〟漏らす、西山記者は『そそのかし』」、「〝機密〟の判定が焦点に」というものであった。同じ紙面では、西山記者弁護団の見解、「本質は『知る権利』、起訴状は法とモラルを混同」と題した記事、そして毎日新聞社の「本社見解とおわび」も掲載された。「おわび」の主な内容は、取材に関して道義的な問題があったこと、ニュースソースを秘匿できなかったことに関するものであった。毎日新聞は、当初、報道の自由を根拠に取材の正当性を主張していたが、「そそのかし」という取材手法に対する批判が高まることで、この「おわび」を出すことになったのである。

本土復帰は沖縄県民の長年の願いであった。しかし、県民とメディアはこの復帰を必ずしも手放しで喜んでいたわけではなかった。復帰当日の地元紙・琉球新報は、「新生沖縄県民の誓い」と題した社説で、以下のように主張している。

「県民の願望だった復帰は実現したがその内容は、県民が望んだものとは、ほど遠い。……最近のベトナム情勢とも関連して、沖縄基地とかかわりを持つ米軍の軍事行動が、安保条約の事前協議の解釈をめぐって論議を呼びつつある。……復帰後の『豊かで平和な沖縄県』づくりをカラ念仏で終わらせないためには、沖縄の米軍基地が絶対に現状のままでいけないのは明白である。」（一九七二年五月一五日）

沖縄は日本に返還されたが、米軍基地問題はまったく解決されていなかった。この「一大事業」を成し遂げたのは佐藤首相であったが、この政権はアメリカのベトナム戦争の方針を一貫して支持していた。そのため佐藤首相は、各メディアから数多くの強い批判を浴びることになった。そのこともあり、一九七二年六月一七日に行った退陣表明の場で「テレビカメラはどこかね。新聞記者の諸君とは話さないことにしているんだ。……偏向的な新聞は嫌いなんだ。大嫌いなんだ。直接国民に話したい」という発言をした。その後、佐藤首相と記者との間で険悪なやりとりがあり、記者はすべて会見の席から退出してしまった。繰り返し政権を批判してきた新聞に対する佐藤首相の感情的な発言が、このタイミングで発せられたのである。

佐藤の後継総理になったのが田中角栄であった。朝日新聞の世論調査では、田中内閣の発足直後の支持率は六二%に達していた（一九七二年九月一八日）。「庶民宰相」、「今太閤」と呼ばれた田中は、就任後間もなく「日中国交正常化」にも踏み切り（一九七二年九月）、日本で「中国ムード」が高まった。田中は国土開発計画の一環として「日本列島改造論」を掲げ、地域間格差の是正を強く訴えた。その結果、田中政権に対する政策面での評価は一時的には高まることになった。しかし、一九七三年一〇月に「第四次中東戦争」が勃発し、それによって「第一次石油ショック」が生じ、原油価格が高騰した。それとともに、物価も急上昇し（狂乱物価）、その結果消費が冷え込み、大型公共事業も見直されるようになった。そうなると一転、田中政権批判が強まるようになった。

それに追い打ちをかけたのが、『文藝春秋』一九七四年一一月号の特集「田中政権を問い直す」であった。そこで掲載された二つの記事、立花隆の「田中角栄研究——その金脈と人脈」と児玉隆也の「淋しき越山会の女王」は田中首相の隠された側面をあぶりだして大きな反響を呼んだ。これは、日本のジャーナリズムにおいてもノンフィクションの影響力が大きいことを印象づけた画期的な出来事であった。この二つの記事が、新聞ではなく雑誌に掲載された点は重要である。

組織に属さないフリーのジャーナリストが、権力の中枢や社会の暗部に切り込んだからである。雑誌ジャーナリズムの存在価値を強く印象づけた出来事であった。ノンフィクションの分野では同じ頃、やはりフリーの鎌田慧が高度経済成長の裏面を告発して注目を集めた、『自動車絶望工場』も出版されている（一九七三年）。

5　～戦後四〇年（一九七五～八五年）――テレビ政治の始まり

第一次石油ショックの後、日本経済は低成長時代に入ったが、一九七九年の「イラン革命」に端を発した「第二次石油ショック」によって不況は一層深刻化した。その中で、六〇年代後半から七〇年代前半にかけて見られた環境問題に対する関心は、急速に低下することになった。その一因は、依然として経済成長という国家目標を支持していたジャーナリズム、そして経済問題につねに高い優先順位を与え続けていた世論にも求められよう。

その一方で、ジャーナリズムが批判の標的としていたのが、田中角栄に象徴される「金権政治」であった。ジャーナリズムの糾弾もあって田中は首相を辞任することになったが、その後も引き続き政界に隠然たる影響力を持ち続けていた。そうした中で、一九七六年に「ロッキード事件」が発覚する。新聞、テレビ、雑誌などのジャーナリズムは一斉に金権政治に対する厳しい批判を繰り広げた。

日本経済は、一九七〇年代に生じた二度の石油ショックからいち早く立ち直り、一九八〇年代には「安定成長期」に入った。そうした中、一九八二年に発足した中曽根康弘政権は、アメリカのレーガノミクス、イギリスのサッチャリズムと歩調をあわせ、新自由主義にもとづく経済政策（主に規制緩和）を推進し、また行政改革にも積極的に取り組んだ。

中曽根首相はメディア政治、特にテレビ政治を実践した政治家として広く知られている。内需拡大の必要性についてテレビを通じて国民に直接訴えたり、レーガン大統領を自らの別荘である「日の出山荘」に招いて歓談する様子を伝えさせたり、テレビを強く意識したパフォーマンスを行った。その半面、中曽根はメディア政治に象徴される大衆民主主義に強い警戒感を抱いていた点は興味深い。中曽根と彼のブレーン（佐藤誠三郎、村上泰亮、西部邁）は、次のように述べている。


「近代二世紀間の民主主義は、一方で人民民主主義（社会主義）という堕落形態を産み出すとともに、他方で大衆民主主義（衆愚政治）という歪曲形態を創り出しつつあるのだ。近代民主主義は、二百年かけて、社会主義独裁体制という鬼っ子と大衆社会的衆愚制という放蕩児を産み出したのではないか。」（中曽根ほか『共同研究「冷戦以後」』文藝春秋社）

このように中曽根はテレビ政治を意識しつつ、大衆民主主義を「衆愚政治」ととらえ、それと「マスコミ世論の支配」の政治と結びつけ、厳しい批判を加えていたのである。

6　〜戦後五〇年（一九八五〜九五年）——テレビ政治の本格化

新自由主義経済にもとづく諸政策が進められる中で、日本経済は次第に「バブル景気」の様相を帯びるようになった。中曽根首相の後継として一九八七年に政権の座についたのが竹下登であった（一九八七年）。竹下首相は、長年の懸案であり、総理にとっての「鬼門」といわれた「消費税」の導入に成功した。中曽根とは対照的に慎重な言動に終始していた竹下政権は、政権基盤も盤石といわれ、長期政権が予想されていた。しかし、「リクルート事件」によって竹下首相は一年半でその座を追われることになった。そのきっかけとなったのが、朝日新聞の「リクルート川崎市誘致時、助役が関連株所得、売却益一億円」（一九八八年六月一八日）というスクープであった。この事件をめぐる朝日新聞の一連の報道は、組織ジャーナリズムによる調査報道の意義と重要性をあらためて認識させるものであった。

一九九〇年代前半は国際秩序が激変した時期であった。一九九一年一二月、ソヴィエト連邦が崩壊し、冷戦が終結した。先の中曽根らの言葉を借りれば「人民民主主義・社会主義独裁体制」が終わりを迎えることになったのである。ソ連・東欧社会の急激な政治社会変動を引き起こした要因の一つが、衛星放送の普及による西側社会からの国境を越えた情報流入であるという見解が、多くのジャーナリストや研究者によって示された。

世界規模のこうした政治変動が生じている中で、イラク軍が突如として隣国のクウェートに侵攻し、一九九一年一月に「湾岸戦争」が勃発した。アメリカを中心とする多国籍軍が即座に編成され、圧倒的な軍事力によってイラクを制圧し、三月にこの戦争は終息した。同年四月、ペルシャ湾に海上自衛隊が機雷掃海を目的に派遣されたが、これは自衛隊にとって初めての海外任務であり、多くの論議を呼ぶことになった。日本政府は米軍を中心とする多国籍軍に一三〇億ドルもの出資を行ったが、それに対する国際的な評価は必ずしも高いものではなかった。このことは、国際貢献のあり方についてその後さまざまな意見を生み出す重大な契機となった。一九九二年に首相に就任した宮沢喜一は、国際貢献の必要性からＰＫＯ（国際平和維持活動）への自衛隊の参加を決定し、カンボジアへの派遣に踏み切った。

その宮沢首相が政権から退くきっかけの一つが、メディアでの自らの発言であったのは、この時期の権力とメディアの関係を考えるうえで示唆に富む。ただし、そこで問題となったのは、自衛隊の海外派遣に象徴される国際貢献の問題ではなく、「政治改革法案」という内政問題、特に衆議院選挙への小選挙区制の導入に関するものであった。田原総一朗が司会をつとめるテレビ朝日の番組「サンデー・プロジェクト」で、この法案の成立について問いつめられた宮沢首相は、「私はやるんです。何としても成立させたいんです」と断言させられることになった。しかし結局、宮沢は政治改革を達成できず、この発言の責任を問われ、退陣することになった。

その後、細川護熙を首相とする「非自民連立政権」が一九九三年に誕生することになった。この政権は後に、「久米・田原政権」と揶揄されるようになった。この政権の誕生に久米宏がキャスターをつとめる「ニュースステーション」（テレビ朝日）と、前述の田原が出演する「サンデープロジェクト」（同）が、世論形成に多大な影響を及ぼし、それが有権者の投票行動につながったと見られたからである。「久米・田原政権」という呼び方自体、テレビ・ジャーナリズムが政権の誕生に影響を及ぼすほどに力を持つようになったことの証左だともいえよう。

そうした中で、「椿発言問題」が生じた。テレビ朝日の椿貞良報道局長が日本民間放送連盟の放送番組調査会で、テレビメディアが細川政権の誕生を後押ししたという誤解を与える発言を行い、それを産経新聞が報じ、政治問題化したのである。椿は国会で証人喚問され、局長を解任された。「椿発言問題」をめぐっては、テレビニュースの偏向に対する批判という見方と、政治の報道の自由に対する介入という見方が併存している。当時の調査によれば、テレビは報道機能のみならず、解説機能においても新聞よりも高い評価を受けるようになり、本格的な「テレビ政治」の時代が到来していた。そのことが、この事件の背景にあったことは疑いない。それは同時に、テレビ政治がはらむ危うさを人々に強く意識させることになった。テレビ政治の産物ともいえる細川政権は短命に終わり、一九九四年七月には「自社さきがけ」連立政権が発足し、社会党の村山富市委員長が首相に就任した。

一九九五年は、それまで自明と思われていた日本の「安全・安心社会」が揺らいだ年として記憶されている。一月一七日に「阪神・淡路大震災」が、三月二〇日には「地下鉄サリン事件」が発生したからである。これらの未曾有の惨事に際し、メディアは取材のあり方をあらためて問われることになった。とりわけオウム問題に関しては、メディア・スクラムによる扇情的な過剰報道が問題視され、強い批判を浴びた。オウム事件に関連して生じた「TBSビデオ問題」は、日本のジャーナリズムのあり方に強い疑問を投げかけるものであった。一九八九年の段階でTBSのワイドショー番組で放送予定の内容を、事前にオウム真理教の幹部に見せたことが発覚したのである。これが弁護士・坂本堤一家の殺害につながったのではないかと指摘され、TBSの「ニュース23」のキャスターであった筑紫哲也は「TBSは死んだに等しいと思います」という言葉を残した。

このように一九九五年は激動の年であったが、同時に「戦後五〇年」という大きな節目の年でもあった。八月一五日、村山内閣は「村山談話」を閣議決定し、発表した。それは、歴史認識の問題に大きく踏み込むものであり、「国策を誤り、戦争への道を歩んで国民を存亡の危機に陥れ、植民地支配と侵略によって、多くの国々、とりわけアジア諸国の人々に対して多大の損害と苦痛を与えた。……疑うべくもないこの歴史の事実を謙虚に受け止め、あらためて痛切な反省の意を表し、心からのお詫びの気持ちを表明する」という内容であった。

この談話について朝日新聞は、八月一六日の社説で「何に対しての反省と謝罪なのかも、これまでよりはっきり読み取ることができる」と高く評価した。これに対し読売新聞は、談話について記事では言及しながらも、社説では直接触れることなく「過去の五十年を率直かつ冷静に議論し、戦後の惰性としての『一国平和・繁栄主義』から脱却しなくてはならない。……『平和』を祈るだけではなく、平和で安定した世界の構築に向けて国際的な責任を果たしていく、能動的な国家理念を形成するための議論を期待したい」と主張した。歴史認識、そして国家の行く末について、両紙の主張は対照的であった。

ジャーナリズムの分野でこの時期注目されるのは、読売新聞が「提言報道」の必要性を主張し、その一環として「憲法改正試案」（第一回）を一九九四年一一月三日の紙面で発表したことである。この試案では、「日本国は、自らの平和と独立を守り、その安全を保つため、自衛のための組織を持つことができる」（第一一条）というように自衛隊の存在が明文化され、「日本国は、確立された国際的機構の活動に、積極的に協力する」（第一三条）というように、国際貢献のあり方が具体的に示されている。

一九九〇年代になってからのバブル経済崩壊以降、中国や韓国の経済成長を背景に、アジアにおける影響力を減じつつ、日本社会は二一世紀を迎えた。インターネットが家庭にも急速に普及し始め、人々の情報行動は大きく変化するようになった。とはいえ、この時期はまだ、社会の出来事を知る際のマスメディア、わけてもテレビの影響力は依然として強大であった。

7　～戦後六〇年（一九九五～二〇〇五年）――「小泉劇場」の衝撃

細川、村山両政権を経て、自民党は政権の座に復帰した。しかし、かつてのような安定した支持は得られず、公明党などとの連立政権が続くことになった。橋本龍太郎、小渕恵三、両首相の後をうけて、森喜朗が首相の座についた。ところが森は、「神の国」発言などの失言を繰り返し、また「えひめ丸」沈没の情報が入ってもゴルフを続行するなど、その言動が問題視され、メディアは「森批判」一色になった。そのため、森首相は記者の質問に応じなくなり、両者の関係は著しく悪化し、厳しく対立するようになった。

それとは対照的だったのが、森の後継として二〇〇一年四月に総理の座についた小泉純一郎であった。テレビ政治の申し子といわれた小泉は、「自民党をぶっ壊す」という言葉に象徴されるように、従来の慣例を重視しない政治手法を積極的に採用し、メディアと世論はその姿勢を強く支持した。

同年九月、アメリカで「同時多発テロ」が発生した。テロリストに乗っ取られた飛行機が高層ビルに突っ込む惨劇が、テレビによって繰り返し報じられた。キリスト教社会とイスラム社会の対立を憂えた「文明の衝突」（サミュエル・ハンチントン）が、現実味を帯びるようになった。その後、アメリカを中心とする多国籍軍はアフガン戦争、イラク戦争へと突入していく。

日本政府は、イラク戦争への参加を通じて国際貢献を行うという方針を示し、ここでもやはりメディアと世論は大きく分裂した。そうした中で日本政府は、二〇〇三年一二月、陸上自衛隊のイラク派遣に踏み切った。戦況が刻々と変化する状況下で、自衛隊派遣の是非を問う世論調査が、繰り返し実施された。「ポピュリズム首相」といわれた小泉が、世論の「反対」の多さについて、「世論に従えば間違う場合もある」と国会で言い放ったが、この発言は多くの論議を呼ぶことになった。

二〇〇二年九月、小泉首相は北朝鮮を電撃訪問し、「日朝平壌宣言」に調印した。北朝鮮関連の報道が急増し、日本社会の「拉致問題」に対する関心は一気に高まった。また小泉は首相就任以降、毎年「靖国参拝」を行い、特に中韓両国から厳しい批判を受け続けた。二〇〇五年三月、歴史教科書問題や日本の国連安保理事国入りの動きが報じられると、両国の反発は一段と強まり、中国では「反日デモ」が「反日暴動」へと激化し、それは全土に拡大した。この暴動は、中国でも当時急速に普及しつつあったインターネットや携帯電話を介し、一般市民の動員を行った点でも注目を集めた。

小泉は二〇〇五年九月の「郵政選挙」で、巧みなメディア・世論操作を行い、大勝利を収める。選挙期間中、「刺客候補」といった言葉が飛びかい、メディアは「小泉劇場」に支配された。権力者に対して影響力を強めてきたメディア、とりわけテレビが権力者に巧みに使われたことはその後多くの論議を呼ぶことになった。

8 〜戦後七〇年（二〇〇五〜一五年）――政権交代と「リベラル」勢力の退潮

この時期、ソーシャルメディアの本格的な普及が始まり、スマートフォンに象徴される情報化の波は社会の隅々にまで及ぶようになった。メディア環境は大きく変化し、日本でも「ネット世論」、「ネット選挙」という言葉が広く用いられるようになった。同時に、ネット上の情報の正確性に加え、感情的な意見が表出しやすいなどの問題も指摘されるようになった。

小泉の後継の安倍晋三政権（第一次）は、二〇〇七年の参院選で敗北を喫し、国会は衆参の多数派が異なる「ねじれ」状況となった。安倍晋三、福田康夫、麻生太郎と首相が一年ごとに代わり、自民党政治の劣化が顕在化する中、二〇〇九年衆院選では「政権交代」という言葉がメディアにあふれた。有権者もそれを支持し、民主党政権が誕生したのである。

しかし、多くの期待を集めた民主党政権は、「リーマン・ショック」（二〇〇八年）からの経済の立て直しに失敗し、党内の意思統一も不十分であったことから、民意の急速な離反を招くことになった。その結果、二〇一〇年の参院選で敗北を喫した。民主党の「決められない政治」に国民は一層不満を募らせるようになった。二〇一一年三月一一日、日本社会は「東日本大震災」に見舞われる。大地震、大津波、原発事故が襲い、これを機に「平和と繁栄」という「戦後の物語」は消滅したという主張も見られるようになった（白井聡『永続敗戦論』太田出版）。

二〇一二年一二月、政権の座に復帰した安倍首相は、経済の立て直しを目指す「アベノミクス」を掲げ、世論の支持を集めた。一方、第一次政権時に主張した「戦後レジームからの脱却」を再び模索するようになった。安倍首相の歴史認識や憲法改正をめぐる動きは、中韓両国から反発を招き、国内でも危惧する声が高まった。とはいえ、復古的ナショナリストとも呼ぶべき勢力、そしてネットを含む一部のメディアは、安倍のこうした歴史観や外交方針を強く支持した。日本の言論界と世論は、原発再稼働や歴史認識、憲法改正などをめぐって対立を深め、「保守」対「リベラル」という図式で語られるようになった。安倍首相は憲法改正を強く望みながらも、「積極的平和主義」を実現するステップとして二〇一四年七月、集団的自衛権の容認を閣議決定した。

リベラル派に属するジャーナリズムは、安倍首相の国際貢献にかかわる一連の政策、歴史認識に対して一層厳しい批判を加えるようになった。とはいえ、リベラル派は政治的に、特に政党レベルで結集力を持たず、ジャーナリズムや言論界が主たる担い手となるしかなかった。そうした状況下で、リベラル派の代表である朝日新聞の「誤報問題」が、二〇一四年八月に起きたのである（第7章、第8章、参照）。その後、安倍政権によるメディアへの積極介入、それによるジャーナリズムの委縮が批判的に語られるようになり、さまざまな反対の声があがる中で安倍政権は二〇一五年九月に「安保法制」を成立させたのである。

9 同時代を記録し、その意味を批判するジャーナリズム

藤田省三は『全体主義の時代経験』（みすず書房）の中で、「二〇世紀は全体主義を生んだ時代である」と述べた。そして、①戦争の在り方における全体主義、②政治支配の在り方における全体主義、③生活様式における全体主義、という全体主義の三つの形態をあげた。

個人は社会、特に国家に従属すべきという全体主義の考え方は、民主主義とはむろん相容れない。しかし、民主主義が政治に無関心な人々や感情的な世論を基盤とする「大衆民主主義」を常態とするならば、それは全体主義との親和性を高めることになる。

日本のジャーナリズムは戦後、テレビなどの新しいメディアを手にしつつ、影響力を強めていった。世論を喚起し、時に権力者をも脅かした。とはいえ、メディアが一般市民の政治的関心を高め、権力者に対峙し、一定の地歩を固めたかといえば、必ずしもそうとは言い切れない。

先の藤田の言葉を借りるならば、「戦争の在り方」と「政治支配の在り方」をめぐっては全体主義は比較的わかりやすく進行する。それに対し、「生活様式」の全体主義は静かに社会に入り込んでくる。求心力の強い日本社会は、その傾向が生じやすいともいえる。

国家権力や権力者による介入が際立つ現在、メディア、そしてジャーナリズムはどうあるべきなのか。論理性に富んだ「多事争論」（福澤諭吉）という状況をどのように生み出せるのか。「ジャーナリズムとは、同時代を記録し、その意味について批判する仕事を全体としてさす」（鶴見俊輔『ジャーナリズムの思想』、傍点引用者）という言葉を最後に掲げておく。

第3章　戦後日本のテレビ政治

1　ジャーナリズムと民主主義

ジャーナリズムと政治、特にジャーナリズムと民主主義との関係を考える場合、そこにはつねに二つの側面が存在している。

第一は、ジャーナリズムのもっとも重要な使命である環境監視機能、特に権力者や権力機関に対する監視機能という側面である。近代国家の民主主義体制は、政治家や官僚などの政治エリートとそれ以外の一般市民によって成立することを前提としている。ここでいう政治エリートとは、一連の政策過程（社会問題の認識あるいは発見、その問題解決のための政策の立案、審議、決定、執行、評価）において大きな影響力を持つ人々、主に政治家や官僚を指す。

したがって、政治エリートによって構成される権力機関をジャーナリズムが監視することはきわめて重要となる。もちろん、ジャーナリズムは国家社会を取り巻く環境の変化、そして政治エリートが発するメッセージを一般市民に伝えるという大きな役割も果たしている。ただし、規範的な観点に立つ場合には権力監視機能の重要性が強く主張される傾向が強くなる。

その一方で、ジャーナリズムの一連の活動、すなわち取材、報道、解説、論評といった活動の自由が、民主主義体制やそれにもとづくさまざまな制度によって保障されているという点も忘れてはならない。これが第二の側面である。

実際、日本国憲法では「思想及び良心の自由は、これを侵してはならない（第一九条）」、「集会、結社及び言論、出版その他一切の表現の自由は、これを保障する。検閲は、これをしてはならない。通信の秘密は、これを侵してはならない（第二一条）」ことが定められ、これらに関しては、ジャーナリストを含めた国民の自由が保障されている。さらに、日本の放送法では、「放送の不偏不党、真実及び自律を保障することによって、放送による表現の自由を確保すること（第一条）」も定められている。

このように現代日本の民主主義体制においては、ジャーナリズムは権力者や権力機関の監視を行うことが要請される一方で、国家の法制度によって活動の自由が保障されている。すなわち、ジャーナリズムと権力機関の関係は、その出発点から両義的であることがわかる。

特に放送ジャーナリズムの場合には、この性質が明確に見てとれる（第1章、参照）。放送ジャーナリズムは、前掲の放送法第一条を前提としながらも、同第四条の二において、「政治的に公平であること（第二項）」「意見が対立している問題については、できるだけ多くの角度から論点を明らかにすること（第四項）」が定められているからである。

もちろん、実際にはこれらの法規が厳密に適用されているわけではないし、されるべきではない。そのことはテレビのニュースのみならず、ドキュメンタリー、あるいはワイドショーの中での発言や映像を見れば容易に了解できる。しかし、だからといってテレビ・ジャーナリズムが自らの責務を十分に果たし、社会から高い評価を得てきたかというと、それに関して肯定的な回答を与えることは難しいのもまた事実である。

それに加えて、テレビも含むマスメディアそれ自体が、大きな社会的影響力を持つ巨大な権力装置であることは、あらためていうまでもない。特に、社会における情報の重要性が高まるにしたがい、この傾向は一層強まってきた。

確かに「ネット世論」という言葉に象徴されるように、インターネットの普及は既存のマスメディアに対して大きな影響を及ぼしてきた。その一方で、社会、なかでも国家レベルにおける情報の共有という点ではマスメディアを通じた情報の流れが依然として優位にある状況は変わらない。また、マスメディアによる積極的なインターネットの利用も進んできたことも見逃せない。ネット上での発言や議論を見ても、マスメディア情報に端を発したり、それを批判するものも非常に多い。したがって、権力装置としてのマスメディア、あるいはジャーナリズムという社会の構図は、ネット社会においても大きく変化していないと見ることは十分できる。

2 テレビ・ジャーナリズムの特質と「椿発言」問題

以上の点をふまえつつ、日本のテレビ・ジャーナリズムについて考えてみる。テレビ・ジャーナリズムを批判する場合に頻繁に用いられるのが、視聴率至上主義＝商業主義と、それと密接に関連するセンセーショナリズムである。

この問題に関しては、「〔放送政策に関わる：引用者〕政府の政策は〈公衆＝国民〉モデルを掲げながら、実際には産業政策として〈国民＝消費者〉モデルによって駆動されている」（花田達朗『メディアと公共圏のポリティクス』東京大学出版会）という指摘、すなわち放送政策それ自体が産業政策と密接に連関する商業主義に多分に傾斜してきた点も、あわせて認識しておく必要がある。

これらの批判が社会で多くの共感や支持を集めてきたのは、テレビの影響力が非常に大きいこと、そしてさまざまな批判が繰り返し行われてきたにもかかわらず、実際にテレビ・ジャーナリズムが数多くの問題を引き起こしてきたことが大きな要因であることは否めない。この種の問題に関しては、相互に密接に関連する以下に示すテレビの三つの特質、ないしは「主義」としてまとめられたことがある（原寿雄『ジャーナリズムの思想』岩波新書）。

①　現在主義――テレビは、リアルタイムで画像・音声情報の伝達が可能なので、生中継に偏重しがちで、情報内容の吟味が不十分となる可能性が高くなる。

②　映像主義――テレビ画像は臨場感があり、受け手の感性に訴えるのに有効であるが、そのため「絵」になる情報が重視されがちになる。重要でも絵にならないと、その出来事はニュースになりにくいという傾向がテレビ・ジャーナリズムの特徴となっている。

③　感性主義――これは、行き過ぎた面白主義の番組に見られる、知的ないしは理性的面白さから目をそらす、低俗な感性への依存主義のことである。

ここで掲げられた「現在主義」「映像主義」「感性主義」、これら三つの特質に主に依拠しながら、テレビ・ジャーナリズムに対する批判はこれまで展開されてきたといえる。

戦後の日本政治史を振り返ってみたとき、この特質の中の「現在主義」を活用しようとした事例としてもっとも有名なのが、第２章でも触れた佐藤栄作元首相の退任会見（一九七二年）である。「新聞は偏向しているので、テレビを通じて直接に国民に語りかけたい」という佐藤の発言は、はからずもテレビというメディアの、そしてテレビ・ジャーナリズムの特質を浮き彫りにしたといえる。

この出来事は、以下の二つの観点から論じることができる。第一は、テレビというメディアは、重要な社会的出来事を「編集」することなく、リアルタイムで放送することができる。それゆえに、テレビは佐藤栄作という典型的な政治エリートの発言をそのまま放映することになった。「偏向的な新聞は嫌いなんだ」という佐藤の発言の後、新聞記者だけでなく放送記者も退席したが、その後もカメラは回り続け、退任会見の模様を伝えたのである。

第二は、佐藤はこの発言によって各方面から多くの批判を浴びることになったが、それはジャーナリズムが厳しく批判したことに加え、この映像が繰り返しテレビ画面で流され、世論の反発を買ったことも重要な要因だといえる。佐藤は退任会見という首相にとってきわめて重要な舞台において、自らの思いを視聴者＝国民に直接届けることには成功したのかもしれない。しかし、この会見の放送によって作られたイメージは、長期政権の担い手、あるいはノーベル平和賞受賞者という功績を傷つけることになった。

日本のテレビ・ジャーナリズムを考えるうえで、もう一つのきわめて重要な出来事が、テレビ朝日の「椿発言」問題（一九九三年）である（第2章、参照）。民放連研究会「放送番組調査会」での椿貞良報道局長の発言は、前掲の放送法の中の「政治的に公平であること（第二項）」に反するとして、自民党や共産党など各方面から厳しく批判され、追及されることになった。郵政省（現総務省）もこの発言を問題視し、テレビ朝日に対して内部調査結果の報告を求めるなど、一時は放送事業免許の取り消しまでもが主張された。先に、放送法の適用に関して、「実際にはこれらの法規が厳密に適用されているわけではないし、されるべきではない」と述べたが、「椿発言」問題の場合、この選挙で自民党一党支配、すなわち「五五年体制」が崩れ去ったこともあり、放送法を根拠にテレビ報道の「偏向」に関して多くの論議を呼ぶことになった。

ちなみに、選挙当日（一九九三年七月一八日）の朝日新聞の社説は「歴史をつくる一票を」と題し、「自民党の単独政権を続けるのか、政権交代に期待するのか。『五五年体制』に慣れっこになった私たちの頭を切り替えながら投票所に向かおうではないか」と述べ、政権交代を促す見解を明示している。新聞とは異なり、放送局が社論を視聴者に提示することは放送法によって認められていない。椿発言問題は、テレビ・ジャーナリズムの影響力の大きさと同時に、その限界を示す事例として記憶されることになった。

この事件はまた、「（椿報道局長の証人：引用者）喚問受け入れまでの一連の行為は、市民の代弁者としての憲法上の『特権』を持つジャーナリストが、市民のための『言論・表現の自由』や『放送の自由』を放り出し、放送業という『営業の自由』を得た、と見なされても仕方ない」（徳山喜雄『報道危機』集英社新書）といったテレビ朝日批判、さらにはテレビ・ジャーナリズム批判へと展開されることになった。

3　テレビ・ジャーナリズムと政権交代

「椿発言」問題に関する評価は別にして、この時期、テレビ朝日がテレビ・ジャーナリズムの世界において多くの注目を集めていたのは確かである。

一九八五年から開始された「ニュースステーション」は、久米宏を司会者にすえることで大きな成功を収めていた。久米の軽妙な語り口と、思わせぶりな表情、そして歯に衣を着せないコメントが評判を呼び、新たな形態の、また人間味あふれる民放のニュース番組として高い評価を得ていた。しかしその一方で、厳しい政府批判が番組の中で展開されることも多く、政府関係者や自民党議員などから批判されることもたびたびあった。

加えて、テレビ朝日は一九八九年から日曜日の午前に「サンデープロジェクト」を開始した。この番組の司会者の田原総一朗は、時の首相を含め政治家などをゲストに招き、鋭い口調で次々と質問を投げかけた。この番組は政治家たちにとっては政策や政治姿勢をアピールする機会ではあったが、同時にテレビという公の場でその言動が問われるという面も備えていた。前述のように宮沢喜一首相はこの番組に出演し、政治改革法案に関して決意を述べたことが、退陣の直接のきっかけといわれている（第2章、参照）。その後、一九九三年七月一八日の総選挙によって、細川護熙を首班とする連立政権が誕生する。

田原は、「政治家たちが言葉で何を語ろうとも、テレビ画面は言葉を上回る表情を正直に伝える」という持論を各所で述べている。宮沢を退陣に追い込み、非自民連立政権を誕生させたのも、テレビ政治の成果という評価は妥当なものであろう。しかし、さまざまな利害や意見が錯綜し、その中で意思決定を行い続ける「政治」が、はたして田原が好んで用いた二者択一的な質問の仕方、すなわち「Ｙｅｓ、Ｎｏ」に馴染むかどうかという疑問は残されたままである。

いずれにせよ、ニュース番組と政治番組は多くの視聴者を獲得するようになり、日本のメディア政治の領域において新たな局面を切り開いていったのは確かである。それは、前述した人間味あふれる政治番組という特徴を色濃く持つものであった。

ＮＨＫは一九七四年の段階ですでに「ニュースセンター９時」を開始し、従来とは異なるスタイルのニュース番組を提供していた。民放でも「ニュースステーション」を皮切りに、「筑紫哲也ＮＥＷＳ23」（ＴＢＳ）などが同種の番組として好評を博し、テレビは午後九時～一一時台に、「ニュース戦争」と呼ばれる状況を呈するようになっていた。また、「報道ステーション」（ニュースステーションの後継番組）は、日曜日にも放送されるようになった。平日の朝と夕方の時間帯も、ワイドショー的な色彩はありながらも、ニュース主体の番組編成が行われるようになった。さらに、日曜の朝には「報道２００１」（フジテレビ）などが、前述の「サンデープロジェクト」と同様の企画で番組制作を行うようになり、これらの番組はいずれも、個性的な司会者やキャスターを起用し、また専門家やコメンテーターを配し、報道、解説、論評を行うことで放送ジャーナリズムの機能を果たしてきた。時には、政治家たちの生の声を伝え、引き出すという役割も担ってきた。

4 パフォーマンス政治とテレビ

これまで述べてきたようなニュース番組や政治関連番組は、その後、一層注目を集めるようになった。政治家のほとんどは、テレビに出演し、発言することの危険性を認識しつつも、それを活用することに熱心である。すなわち、自らの、あるいは自党の存在感をアピールし、その主張や政策の重要性と正当性について、テレビを通じて訴えようとしているのである。

時代をさかのぼってみると、テレビ政治の実践にいち早く熱心に取り組んだ政治家、それが、中曽根康弘元首相だった（第2章、参照）。一九八二年に発足した中曽根政権は、当初メディアから厳しい批判を浴びた。この内閣は田中角栄の影響下にあったと見なされ（田中曽根内閣）、中曽根自身も政界の中を巧みに動き回る処世術を身につけていた政治家、すなわち「風見鶏」と揶揄されていた。さらに、中曽根は一貫した改憲論者であり、自民党のタカ派の中心人物という評価も定まっていた。実際、日米首脳会談（一九八三年）で安全保障問題をめぐって「不沈空母」発言を行ったと報じられたため、メディアから批判の集中砲火を浴びることになった。

しかし、中曽根のテレビの露出の多さと、その際の視聴者に対するアピールの巧みさは内閣支持率を高めるのに大いに寄与した。政治家の「パフォーマンス」という言葉が頻繁に使われるようになったのも、この時代からといわれている（星浩・逢坂巌『テレビ政治』朝日新聞社）。ただし、ここで強調しておきたいのは、中曽根がテレビ政治、あるいは「パフォーマンス政治」を実践しながらも、それを長期間の政権維持のみならず、政策実現のための手段として活用した点である。

中曽根はトップダウンという政治手法を用いつつ、その評価は確かに大きく分かれるものの、行政改革、教育改革、国鉄や電電公社などの民営化、そして労働組合の弱体化、それによる「保守二大政党」への路線づくり、さらには日米関係の緊密化（ロン・ヤス関係）など、積極的にさまざまな政策を打ち出した。中曽根政権は日本の政治・社会・経済の変革を試み、その多くをかなりの程度実現させたといえる。現在の政治状況を見るならば、この当時の中曽根の構想、そしてこの時代に引かれた道筋が、その後の日本の政治・経済・社会に大きな影響を及ぼしたことは間違いない。

やはり「パフォーマンス政治」とたびたびいわれながらも、メディアを活用しながら政策実現をはかったのが小泉純一郎であった（第2章、参照）。小泉のメディア戦略・手法に関しては、スポーツ紙・芸能週刊誌・ワイドショーといった「第三列」からついた火が、硬派月刊誌（文藝春秋など）・硬派週刊誌（週刊新潮など）・テレビの討論番組や特集といった「第二列」、そして大手新聞社・通信社・NHKや民放といった「第一列」に及んでくる、という構図で描かれたことがある（星・逢坂、前掲書）。小泉は一般市民にとって身近なメディア、あるいは番組や紙面を積極的に活用し、高い支持率を得ることに成功したのである。

後に朝日新聞は、「宴のあとさき・小泉劇場、メディア・牙にも蜜にも、総選挙」と題した記事を掲載し、次のような分析を行っている（二〇〇五年一〇月一六日）。その中で、「今回の勝因は三つある。（1）内閣支持率が四〇％台で信頼度が高かった（2）主導権を握ってわかりやすい争点を設定できた（3）闘う相手を民主党でなく、造反組にできた」という自民党関係者の声を伝えている。そして、「有権者を動かすメディアの「力」を、政党もメディア関係者も痛感した宴――総選挙だった」という、典型的なテレビ政治（選挙）に関する印象的な記者の言葉を載せている。

ここでやはり特筆すべきは、中曽根と同様、小泉も自らの政策実現のために「パフォーマンス政治」を行い、世論を追い風にしたと見なせる点である。それは、橋本龍太郎内閣時に立法化されていた行政改革が二〇〇一年に実施されたこととも深く結びついていた。この点に関しては、「特に内閣府や経済諮問会議の設置は首相の権限を拡大させる上で大きな意味をもっており、強化された権力を使って小泉は首相自身が指導力を発揮できる仕組みを確立し、自民党の伝統的な政治の政策を見直していくという手法をとった」(竹中治堅『首相支配』中公新書)と評されている。それが郵政改革、あるいはこの問題を争点として実施された二〇〇五年九月の「郵政選挙」の自民党の大勝利となって結実したのである。

小泉政権以降、海外メディアに「回転ドア」と皮肉られるように、安倍晋三内閣(第一次)から野田佳彦内閣にいたる自民党・民主党政権(二〇〇六－二〇一二年)は、ほぼ一年ごとに交代することになった。就任前、そして発足間もなくは、いずれの内閣も、新鮮さも手伝い、一定の支持率を得ていた。彼らはテレビを強く意識しながら(私見では、福田康夫元首相と野田佳彦首相はその程度は低く見えたが)、時には夫人も動員するというパフォーマンスを行い、党内外から支持を得ようとした。そして、政権維持と政策実現を目論んだのである。

しかし、こうしたパフォーマンス依存の政治手法が成功し続けることはなかった。もちろん、衆参両院の与野党の「ねじれ」現象に苦しむ時期が長かったことが一番の要因ではある。その一方で、テレビ政治という面では、「変人」と呼ばれながらも、それを巧みに演じ、特異な性格をプラスのイメージに移し変えることに成功した小泉とは異なり、その後の首相たちは安易にパフォーマンス政治に飛びついてしまった、あるいはパフォーマンスに徹しきれなかったという評価もできるであろう。

また、一般市民やメディア、特に新聞が「郵政選挙」の教訓から、こうしたパフォーマンス政治やテレビ政治に対して警戒心を持つようになったという言い方もできよう。すなわち、「回転ドア」のように交代していった小泉後の歴代首相によるテレビ政治は、空回りしてしまったのである。そうした中で、二〇一二年末の衆議院総選挙で自民党が圧勝し、第二次安倍政権が誕生することになった。

5 ポピュリズム政治の問題点

「パフォーマンス政治」とともに現代のテレビ政治を考えるうえで重要なキーワード、それが「ポピュリズム」である。この用語に関しては、「国民に訴えるレトリックを駆使して変革を追い求めるカリスマ的な政治スタイル」（吉田徹『ポピュリズムを考える』NHK出版）と定義されたことがある。ポピュリストとメディアの関連に関しては、「古典的な議会制民主主義のイメージを完全に塗り替えて、リーダーと国民の直接的な対話や結びつきを重視するからこそ、ポピュリスト政治家はメディアを手段として最重要視するのである」（同）と述べられている。

さらには、「そもそもポピュリストは、専門家の議論を自らの既得権益を守るためのものとして不信の目で見る大衆の判断に訴える。ポピュリストは、『普通の人』の一員として、彼らの（漠然と抱えている）『常識』の正しさを確証する存在である」（大嶽秀夫『小泉純一郎　ポピュリズムの研究』東洋経済新報社）という指摘もある。

これらのポピュリズム論は、これまで述べてきた中曽根、小泉、両政権の政治手法についてかなりの程度の説得力を持って説明できるものである。かつて、政党が離合集散を繰り返す中で、一部の新党や政治家に対して漠然とした「期待」が生じたことがたびたびあったが、こうした現象に関してもポピュリズム論の持つ視点は有効であろう。

これらの新党や政治家は、伝統的な政治体制や政治制度に対して強い批判を加えつつ、既得権益の打破を主張し、「変革」や「変化」を訴え、同時に専門家よりも一般市民の視線、換言すると世論、あるいは国民感情や民意を重視してきた。また、「ワンフレーズ・ポリティクス」（小泉）という言葉に象徴されるように、メディアを通じてさまざまなレトリックを用いつつ、自らの政治姿勢あるいは政策を平易な言葉で語ることを心がけてきた。ただし、こうした言葉が往々にして政治や政策の単純化につながってきたのも事実である。

メディアの側もこの種の新党や政治家に高いニュースバリューを認め、その言動を積極的に報道してきた。その理由は、ポピュリズムとテレビ政治との結びつきに求められるが、決してそれだけではない。「ポピュリズムは、それまで省みられることのなかった、あるいは社会経済の構造的変化の中で取り残される『サイレント・マジョリティ』の声や利益を吸い上げ、既得権益と利害関係でがんじがらめになって身動きがとれない政治に、新しい政治のあり方を突きつける作用をもつ」（吉田徹、前掲書）という側面を持つからである。そして、メディアも視聴者もそのことを嗅ぎとり、「新たな政治」に対してかなり期待をかけてきたからである。

しかし、そうした期待は多くの場合、長続きしないようである。移ろいやすい世論、国民感情、民意は、「次なる」ポピュリスト（＝政治家）を求めるのがつねである。そして、テレビ政治がその動きを加速する。テレビ政治によって高められた政治家に対する市民の期待は、その政治家が政策に対して強い影響を及ぼしうる立場につきながらも、思うような変革を達成できないことがわかると、急速にしぼんでしまう。ある意味、これはポピュリズム政治、すなわち大衆民主主義そのものであり、近代民主主義が抱える特質であり、かつ宿命のようにも見える。

こうしたポピュリズムとテレビ政治の中で溺れることなく、この現実をしっかりと認識し、見据えたうえで、「民主主義の民主化」に寄与するテレビ・ジャーナリズムの意義を求めていく必要がある。また、そうしたジャーナリストの意志と行為を支えるジャーナリズム論の構築を急がなければならない。

第4章 ジャーナリズム論から見た放送ジャーナリズム

1 ジャーナリストにとっての言葉

二〇〇六年当時、「言葉は感情的で、残酷で、ときに無力だ。それでも私たちは信じている。言葉のチカラを。ジャーナリスト宣言」という、朝日新聞の広告がテレビで流されていた。この広告に対する批判はいくつか見られたが、私はジャーナリズムあるいはジャーナリストが言葉にこだわることの必要性と重要性を端的に言い表していると感じ、この広告を高く評価していた。しかも、世界の紛争の模様が映像として流されることで、この広告はきわめて印象的なものになっていた。

ジャーナリズムにとって、確かに言葉は「チカラ」であり、同時に命である。いかなる言葉によって出来事を表現するかということは、報道の中核に位置する。もちろん、そのことはジャーナリズムだけでなく、とりわけ情報を生み出すことを生業《なりわい》とする人々すべてにあてはまる。しかし、限られた時間やスペースの中で、できるだけ多くの人々に、わかりやすく出来事を伝えることを使命とするジャーナリストは、より緊張感を持って言葉と接しているはずである。主に話し言葉によって成立する放送ジャーナリストの場合、実況や対話が中心になるから、緊張度はより高まるはずである。

出来事を言葉で表現するという作業は、それだけにとどまらない。より多くの重大な問題がそこには存在している。言うまでもなく、言葉は無色透明ではないからである。言葉には必ず意味が含まれ、言葉で出来事を説明するという作業には、出来事を意味づけるという作業が必ずともない、含まれるからである。そして、その作業の背後には、意識するか否かは別にして、出来事に関する評価、さらにはそうした評価の基盤となる価値（観）が存在するからである。その流れを逆から見るならば、ある一定の価値観を抱くジャーナリストが、出来事に関する評価をしながら意味づけを行う活動、それがジャーナリズムの仕事ということになる。

2　ジャーナリズムの行動原則——ニュースの共通性とスクープ

ジャーナリズムについて語るとき、もっとも重要なものは何か。第1章でも述べたように、それはニュースバリューだと考える。再論するならば、ニュースバリューとは社会で生じる出来事について、それをニュースとして報道する価値があるか否かを測る基準、あるいはニュースとして報道される複数の出来事、すなわちニュースの項目の間での重要度を測る基準という意味も持つ。

社会にとって刺激の強い出来事、有力な国家や社会で生じた出来事、著名人にまつわる出来事などがニュースになりやすいといわれてきた。あるいは、社会にとって負の作用を及ぼす出来事、たとえば戦争、テロ、災害、そして殺人事件は人々の関心を集める傾向が高く、ニュースとして取り上げられることが多い。これらの判断基準とその応用のされ方について論じることが、ジャーナリズムについて考察し、批判する時の軸になる。

この軸にそって、ジャーナリストの活動を考えてみると、ジャーナリズムが矛盾する二つの行動原則を抱えていることがわかる。第一は、他のジャーナリストやメディアと同じ出来事を報道するという傾向、あるいはそうすべきという原則がある。それは、個々のジャーナリストが、ジャーナリズムの組織ないしは業界に適応する過程でニュースバリューを身につけた結果である。しかも、通常はニュースバリューの高い情報を入手しやすい場所には記者は常駐している。たとえば、各省庁には記者クラブが存在し、特派員もニュースバリューの高い国（都市）に数多く配置されている。さまざまなメディアのニュースが類似する、あるいは共通性を帯びるというのは、このようにジャーナリズムが社会の中の一つの、かつ重要な制度として成立した結果ともいえる。

ニュースの共通性が高まるということは、社会にとって重要な出来事を知らせるという観点からすると、当然だといえるかもしれない。しかし、同じ情報源から入手した情報を同じような手法で編集したニュースは、最初は人々の関心を引きつけるが、繰り返し報じられるうちに飽和状態に陥ってしまう。凡庸さが目立つようになってしまう。そうしたニュースは、誰が書いても、誰が撮っても、誰が話しても、あまり差がないからである。

その一方で、他のメディアが報じない出来事ないしは事実を伝えること、すなわちスクープをものにするという行動原則も存在する(第1章、参照)。スクープといっても、それはいくつかに分類できる。第一は、すでに多くのメディアが報道し、社会で話題になっている出来事や事件に関して、ジャーナリストが新たな事実を発見し、報じる場合である。第二は、出来事それ自体が社会で知られていない段階で、ジャーナリストがその出来事の重要性を認識し、報道する場合である。第三は、過去の出来事に関して、これまで社会で当然視され、常識となっている見方を覆すような事実を報道する場合である。

こうした報道は、たとえば調査報道、ニュース番組の特集枠、あるいはドキュメンタリーの中で行われることもある。なお、ここでいう第二と第三に分類されうるスクープは、ジャーナリズムの業界や組織で共有されてきたニュースバリューそれ自体を揺さぶることがある。これまで見過ごされてきた重要な出来事が「発見」され、しかも出来事が持つ意味がさまざまな角度から検討されることになるからである。スクープによるこうした揺さぶりは、次には社会全体の価値観の分布や、常識的なものの見方にも影響を及ぼすこともある。

また、政治家などの要人を対象に行う「独占インタビュー」も、他のメディアが報じないという点では、スクープと同じ性質を持つ。しかし、この種のインタビューにしても、新たな情報を聞き出すことがなかった場合には、その意味は大きく損なわれてしまう。要人をただテレビ画面に登場させただけになってしまうのである。新鮮で重要な情報を引き出し、報じてこそ、独占インタビューは意味を持つことになる。

3　ジャーナリストの「好奇心」

メディアは社会を変えるといわれる。本当にそうなのだろうか。実際には、メディアはこれまでの社会を存続させる働きをする、あるいは社会の変化を妨げるといった方が適切ではないだろうか。そうした主張も根強く存在する。特に、安定期・成熟期に入った社会では、メディア、そしてジャーナリズムが社会を変化させる力は弱まるといわれる。なぜなら、メディアを取り巻く社会、そして社会で生活する人々、さらにはメディア自身の多くが、社会の安定と継続を望み、社会の大きな変化を警戒するからである。

こうした社会では、スクープの性質や働きもかなり限られてしまう。やや強い言い方をするならば、ジャーナリストが、そしてジャーナリズムが「臆病」になるといえるのかもしれない。なぜなら、ジャーナリズムの組織や業界の中で、あるいは既存の、あるいは常識になった「支配的なニュースバリュー」という枠の中で、些末な事実の発掘のみに専念する傾向が強まるからである。あるいは、そのことでスクープ自体が矮小化し、そのレベルでの競争が激化するという事態が日常化してしまうからである。逆説的な言い方をすれば、「刺激なきスクープ」が幅をきかせてしまうのである。そうした状況では、支配的なニュースバリューとは異なる観点に立ったスクープが報じられる可能性は当然のごとく低くなる。

これらの批判、すなわち臆病なジャーナリズム、あるいは社会に迎合するジャーナリズムという批判に出会った時、ジャーナリストは「好奇心」という言葉で応えることがある。「自分は好奇心にしたがって事件を追っているだけ」というのである。しかし、そう述べるジャーナリストには、自分の好奇心がどのように育まれてきたかという自省の気持ちはあまりないようである。党派的な色彩、あるいは政治的主張を前面に出して、たとえば権力監視機能といった言葉を安易に用いながら、社会的使命感を声高に叫ぶジャーナリスト（あるいはジャーナリズム研究者）に対して、私は距離をとりたくなってしまう。しかし同時に、好奇心を言い訳にしてその出来事の重要度や意味を考えることなく、ひたすら小さな事実だけに眼を奪われているジャーナリストに対しても、私は同様の気持ちを抱いてしまう。

テレビの場合、生の映像の魅力ないしは迫力というニュースバリューが強調されるケースが数多く見られる。たまたま放送局のスタッフが撮影した自動車が炎上する映像、あるいはアメリカのテレビ局が流した犯人と警察とのカー・チェイスの映像、そうした出来事のニュースバリューは、本来は高くないはずである。それにもかかわらず、その種の出来事がニュース項目の一つに加えられることがある。その種の映像は刺激的かもしれないが、ニュースとして報じる必要がないことは、テレビ・ジャーナリスト自身もわかっているはずである。それでも流してしまうところに、映像の魔力が潜んでいる。ここにテレビ・ジャーナリズムの大きな落とし穴がある。

出来事の持つ重要度について、そしてそれを測るニュースバリューそのものについて、ジャーナリストはたえず問い続ける必要がある。その作業を通してのみ、真の意味での社会を揺さぶるスクープが生み出されることになるはずである。

4 「嘘」、「偏向」、そして「編集」

映像は嘘をつかないという言葉は、テレビに登場するジャーナリストたちの常套句である。確かに、スクープ映像が政治家の発言の矛盾を明らかにしたり、放置された重大な出来事を人々に知らせたり、さらには視聴者の思い込みを修正することはある。しかし、極論すれば、映像に嘘をつかせることは簡単にできる（ヤラセはここでは論外にしておく）。このことは誰でも知っている。以下の指摘はそのことを端的に言い表している。

「ファインダーに映し出される映像は、混沌とした現実から自分が主体的に意味を感知して、自らの判断で切り取った情景なのだ。その主観の果実に編集作業という作為的な加工が施されて作品は完成する。そこには中立や客観などの概念が入り込む余地はまったくない。」（森達也『それでもドキュメンタリーは嘘をつく』角川文庫）

一つ一つの画面（あるいは音声）は確かに嘘ではない。しかし、話の流れ、一定の時間の中で生起する出来事や事件の文脈から一つのシーンを切り取り、それを報じること、それは結果的には広い意味での「嘘」をつくことになる。「嘘」という言葉が誤解を招くならば、「偏向」と言い換えてもいい。あるいは、それが「編集」という行為そのものなのである。もちろん、編集という行為がなければ出来事を報じることはできない。したがって、この種の「嘘」、あるいは「偏向」や「編集」そのものを批判の対象とすることは難しい。

しかし、ある事件をどのメディアも同じように編集し、ニュースとして流すことがある。しかも、同じような映像が繰り返し用いられることは当たり前になっている。ここにも、前述した他のメディアと共通するニュースを流すというジャーナリズムの行動原則が作用している。

それにしても不思議である。多くのジャーナリストは、出来事の、そして時には歴史の立会人になっているはずである。そのことに誇りを持っているはずである。それが魅力でジャーナリストを志望した人も数多くいるはずである。しかし、使用する映像、それに付すコメントの類似性が高いということがよく見られる。この場合、放送ジャーナリストは独自性を発揮せず、同じ出来事を同じように報道することで、自らの役割、さらには責務を果たしたと思うことになる。他のメディアや他のジャーナリストと同じ映像を重要と思い、同じようなコメントをすることが、プロとしてのジャーナリストの証となっているように思い込んでしまうからである。そうした仕事が、社会を揺さぶる、さらには社会を変化させる可能性がきわめて低いのは当然である。

5　客観報道、「公正・中立」な報道？

客観報道、そして公正・中立な報道というのも、ジャーナリズムの重要な行動原則である。社会的影響力が強く、社会的責任が大きいマスメディアの報道は、こうした行動原則の制約を受ける可能性が高くなる。皮肉なことに、だからこそ社会からの信頼度も高く、期待も大きくなる。

そこがネット・ジャーナリズムなどとの大きな違いである。しかし、この原則がニュースの類似性や共通性の高さに寄与しているとするならば、そして「臆病なジャーナリズム」に免罪符を与えているとするならば、それは不幸なことである。というよりも、それは当然批判の対象になるはずである。なぜなら、客観報道、そして公正・中立な報道というのは、ジャーナリズムにとっては、あくまでも報道する際の技法にすぎないからである。

出来事はニュースバリューによって選択され、次には必ず「編集」が行われ、その作業を通じてニュースは「偏向」せざるをえない（第1章、参照）。その枠の中でのみ、できるだけ「公正・中立」な報道について論じることが可能になるのである。極論すれば、自らが行う報道の説得力を増大させるために、こうした客観報道、「公正・中立」な報道という技法を用いるというのが、ジャーナリズム本来の姿だといってもよいだろう。

繰り返すが、出来事や事件を言葉、音声、映像によって報道すること、それ自体一つの価値観を提示することである。客観報道、公正・中立な報道という技法が一人歩きし、それ自体が自己目的化してしまう時、ジャーナリズムの活力はどんどん失われてしまう。なぜなら、ジャーナリズムはそうした技法に安住することで、定型化された言葉、音声、映像によって出来事を表現し、意味づける傾向が高まってしまうからである。技法を重視するプロの意識が、往々にして報道を陳腐化させ、出来事の重要な側面をそぎ落としてしまうのである。

6　読者・視聴者は？

じつは厄介なことに、新聞の読者や放送の視聴者・聴取者の多くも、同じ内容のニュースを、そして平凡な解説を待っている。こうした情報が流れることを予想し、時には期待しているのである。「どのニュースを見ても同じ」、「どの新聞を読んでも同じ」といった不満を述べながらも、その一方で同じような映像や同じような見出しが並ぶことで、そうした人々は安心感を覚えてしまう。それに満足しない人々は、ひと昔前ならば硬派の週刊誌や月刊誌を購入し、近年ではそれに加えてネット上のブログなどにアクセスするのだろう。

多様な情報や意見が存在すべき、そして多元的な価値が提示されるべき、といった点に関しては、社会的な合意がほぼ存在しているといってよい。しかし多くの人々は、実際にはそうした多様性に耐えられない、それが現実なのではないか。単純化したストーリーの中に出来事を押し込めてもらった方が、人々ははるかに理解しやすく、ニュースに楽に接することができるのである。

こうして見ると、ジャーナリズムとそれを取り巻く社会は、一種の「共犯関係」にあるといえるのかもしれない。しかし、この共犯関係は完璧なものなのだろうか。そんなはずはない。自らの置かれた位置を、そして自らの認識、態度、行動を前提とせず、繰り返し問い直すという作業を行っているジャーナリストや一般市民も少なからずいるはずである。臆病なジャーナリズム、あるいは何事にも億劫がる安易なジャーナリズムは、そうした人々に目を向けることを拒んでいるようにも見える。

成熟し、安定した社会では、社会の歪みは潜行してしまい、人々の眼に触れる機会は減じてしまう。社会で生じる事件というのは、そうした歪みが噴出したものなのである。しかし、決まりきったパターンで出来事や事件が社会的な歪みに結びつけられると、それらに関する解釈は型にはめられ、意味や本質は薄められ、時にはそれこそ歪められてしまう。そうした報道によって、社会は衝撃は受けるが、同時に思考停止に陥ってしまう。何か問題や事件を報じる際に、問題の本質に迫ることなく、とりあえず眉間にしわを寄せるニュース・キャスター、悲しげな目でカメラを見つめるコメンテーター、そうした表情はただただ消費されるだけである。

7　放送ジャーナリズムの財産

現代日本社会において、放送、特にテレビ・ジャーナリズムに対する評価はいまだに圧倒的である。ただし、前述したように、マスメディアをこえる内容を持つ情報がネット上には存在しているのは確かである。また、若年層の「ネット依存」は確実に進行してきてはいる、というよりもすでに成熟期を迎えたといえる。それでもなお、最近の調査を見ると、テレビに対する評価は依然として高いことが報告されている（木村義子ほか「テレビ視聴とメディア利用の現在――「日本人とテレビ・二〇一五」調査から」『放送研究と調査』NHK放送文化研究所、二〇一五年八月号）。たとえば、「世の中の出来事や動きを知るうえで（報道）」もっとも重要なメディアとしてテレビがあげられている（六五％）。「政治や社会の問題について考えるうえで（解説）」に関してもテレビがトップである（五五％）。

速報性と映像を駆使した報道と解説が、こうした評価の要因となっているのであろう。また、朝から晩まで多くのニュースが配され、時間枠もかなり長くなっていることも見逃せない。ニュースの娯楽化やワイドショーの弊害など、放送ジャーナリズムに対する批判はもう出つくしたようである。ネット・ジャーナリズムの勢いは今後確実に増大していくであろう。しかし、放送ジャーナリズムの重要性が急速に低下していくとは思えない。

放送ジャーナリズムは、その「余裕」をどこに振り向けるべきなのであろうか。その解答のヒントはきっと、過去の映像の中にあるに違いない。もし映像がなくなっている場合でも、活字としてその評価は残っている。放送ジャーナリズムの功績ないしは問題点が、映画化されていることもある。歴史的な時間軸の中に出来事をすえるという営みが、放送ジャーナリストにはより一層求められている。

ジャーナリズムの世界に住む人々は、確かに多忙である。しかし、多忙を言い訳として臆病なジャーナリズムへと撤退するだけでは情けない。それでは、ジャーナリスト（アナウンサーも含む）のタレント化を促すだけである。言葉と音声、そして映像のチカラを信じて、ニュースバリューを揺さぶるジャーナリズム、組織や業界の論理に押し流されないジャーナリズム、自らの好奇心のありようを相対化し、自省することのできるジャーナリズム、そうしたジャーナリズムの断片は過去の放送ジャーナリズムの中に数多く残されているはずである。

その仕事ぶりを学び、生かすこと、それが放送ジャーナリズムの「今」に求められている。

第5章 「三・一一」震災報道の再検討

1 震災報道の難しさ

二〇一一年三月一一日、午後二時四六分、マグニチュード九・〇の大地震と大津波が東日本を襲った。死者と行方不明者の数は約一万八、五〇〇人にのぼった。メディアはまさに総力をあげて、懸命に被災地の状況を伝え続けた。震災直後は、地震や余震、津波に関する情報、そして被災地の現状を伝えることが当然優先された。とはいえ、震災当日に首都圏では帰宅難民の問題が、その後、福島第一原発事故が起こり、それにともなって計画停電といった措置がとられるなど、きわめて深刻な問題が次々と生じていたのである。

震災発生直後から、特に全国メディアは報道する出来事間のバランスに苦慮することになった。被災地、首都圏、そして全国、各々のレベルにおいて、伝えるべき情報があまりにも多く、またさまざまな種類の情報を伝える必要が生じていたのである。その状況は、「三・一一」当日の

「被災地報道」と「帰宅難民報道」、その後の「地震津波報道（余震も含む）」と「原発報道」、そして「被災地報道」と「計画停電」というようにまとめられたことがある（谷原和憲「巨大震災とテレビ報道」『ジャーナリズム』二〇一一年六月号）。そうした中で、ジャーナリズムは情報の収集や伝達だけでなく、まさに情報の編集や整理を適切に行うことが求められることになった。

被災地に限って住民の情報行動を見ると、各地で停電が発生したため「震災発生後、最初に利用したメディア」は、「ラジオ」五一％、「テレビ」二一％、「ワンセグ」一九％、という順位であったことが報告されている（執行文子「東日本大震災・被災者はメディアをどのように利用したのか」『放送研究と調査』二〇一一年九月号）。被災者にとって放送メディアの情報は、現在進行形の震災関連の出来事を知るうえで必要不可欠のものであった。実際、各放送局とも試行錯誤を繰り返しながらも、必死に情報を伝え続けたのである。

全国紙やテレビの震災報道に関しては、すでに多くの検証が行われ、同時にさまざまな批判が加えられてきた。たとえば、新聞報道が被災地の一部の地域に偏ってしまったために、「見える被災地」と「見えない被災地」が生まれてしまったという指摘がある（藤森研「新聞が報じた大震災と原発事故」『ジャーナリズム』二〇一一年一〇月号）。このことが、その後の支援活動などに影響を及ぼしたことは想像に難くない。

こうした批判を含め、東日本大震災、そして原発事故の報道に関しては、これまでじつに数多くの調査研究が行われ、公表されてきた。それらの調査研究を参照しながらも、以下ではまず、実際に生じたいくつかの問題を取り上げ、具体的に考えてみたい。

2 テレビの「誤報」と情緒的な報道

各放送局は、震災発生直後から特別報道番組を放送し続けた。同時性と速報性という特徴を生かしつつ、テレビとラジオは現場からの中継を中心に震災関連の情報を全国に伝えることに専念していた。テレビの震災関連番組は、各種インターネット・サービスを通じての配信も行われた。ただし、各放送局とも実情は、「『どこで』『どれほど深刻なこと』が起こっているのかという事態の概要が見えないままに全力の報道を続けていくことになる」（メディア研究部、番組研究グループ「東日本大震災発生時・テレビは何を伝えたか」『放送研究と調査』二〇一一年五月号）というものであった。被災地があまりに広範囲に及んだため、「見えない被災地」が数多く生じ、メディアにとって報道すべき出来事の優先順位を判断することはほとんど不可能であった。

こうした点を考慮してもなお、震災関連報道についてはいくつかの問題点を指摘できるのもまた事実である。以下では、いくつかの具体的な事例を参照しながら、テレビの震災報道について批判的に検討してみる。

まず取り上げるのは、誤報の問題である。大震災発生から三日後の三月一四日、各テレビ局は津波警報を一斉に流した。午前一一時過ぎに、「福島県で三メートルの津波が来ると防災無線が放送しています」と報じたのである。続いて、たとえばＴＢＳは「気象庁から津波警報は出ていませんが、機器が壊れているため、警報は出せない可能性があります」と断りを入れながらも、「宮城県に大津波警報が発令されました」と報じてしまった。さらに、海岸付近からの中継では、実際には津波が押し寄せているようには見えないにもかかわらず、「ここからも津波が確認できます」などといったレポートを流した。その結果、自治体は住民に避難勧告を出さざるをえなくなり、大きな混乱が生じた。住民の側も大きな不安にかられることになり、避難した人も少なからずいた。

その後、気象庁が会見を行ったことで、各局が流したこの情報は誤報であることが判明した。ＴＢＳは、その日の夕方のニュース「Ｎスタ」で検証報道をしたが、責任の所在は不明確なままだった。震災発生からわずか三日後という混乱している状況下では、やむをえない側面もあったかもしれない。しかし、現場の記者の先入観、あるいは思い込みによって、真偽を確認することなく情報を流したことは批判されて当然である。

震災発生から数日たつと、各メディアとも被災地以外に向けた情報が目立つようになった。東京キー局を中心とするテレビ報道も例外ではなかった。さすがに、十分な配慮をすることなく避難所の中で取材をしたり、大げさな効果音をつけて報道するなど、過剰な演出が目立った「阪神・淡路大震災」（一九九五年）と比べると、テレビ報道はかなり改善されていた。

それでも、取材方法などをめぐってはいくつかの問題が生じてしまった。三月一六日のフジテレビの「報道特番」では、子供の死亡届を出す一家の模様が放送された。この番組の中では、斎場で番組スタッフが家族に対し、「今日はどういったことでいらっしゃったのですか」という無意味な質問を行った。こうした取材に関しては、ネット上でも多くの非難の声があがった。被災地の火葬場の現状を伝えることについては、一定の意義は認められよう。しかし、亡くなった子供の遺族に向けてあえて質問をする、そうした取材態度は配慮不足と批判されても当然であろう。

また三月二〇日、震災から九日後に八〇歳の女性と高校生の孫が倒壊した家の中から救出された模様をテレビ各局は一斉に報じた。この出来事と報道それ自体は、懸命な捜索の状況を伝えるという点で、確かにニュースバリューは認められる。ただし、その後のＮＨＫなどが「少年と父親の了解を得て、医師の許可をもらい時間を限って代表取材」という断りを入れながらも、この高校生にインタビューを行い、その模様を放送した。精神的ショックも癒えていない少年にマイクを向ける必要はあったのか。これも報道姿勢に疑問を抱かせる一例であった。

震災から約三週間後、海に漂流していた犬が救出された出来事を、やはり各テレビ局が大きく報じた。悲惨な情報が伝えられる中では、視聴者が安堵するようなニュースではあった。しかし、とりたてて報道する価値があった出来事であったのか、大いに疑問である。映像としては視聴者の関心を引いたかもしれないが、新奇な出来事に飛びついただけのニュースという印象を持った視聴者も数多くいたと思われる。

時間の経過とともに、各メディアとも従来とは異なる手法で被災地やその復興の状況を伝えようとする。特に被災地以外の視聴者の関心を引こうとして、全国的に知名度の高い東京キー局のキャスターなどを現地に派遣するというケースも数多く見られた。確かに、そうしたキャスターが悲惨な状況を目の当たりにして、情緒的なレポートをすれば、多くの視聴者から共感は得られるだろう。

しかし、震災発生前の被災地の情報をほとんど持ち合わせていないキャスターは、当然のことながら、目の前で生じている出来事を伝えることしかできなかった。既存のシナリオやストーリーに落とし込んで報道するのが精一杯であった。こうした問いかけをすれば被災者はこう答え、視聴者はこう感じるはずという、あらかじめ予測できる範囲内でのレポートに終始することになった。この種の同じような報道が、繰り返し行われたのである。

各放送局は、阪神・淡路大震災をはじめとする、これまでの災害報道のありかたを反省し、それを生かそうとしていたのは確かである。しかし、結果的には、悲惨な状況を前にして、感情的で「条件反射的」な報道が次第に目立つようになってしまった。

3 編集力が問われた新聞

それでは新聞はどのような報道をしていたのか。テレビと同様、新聞も多くの記者を現地に送り込んだこともあり、かなりきめ細かな報道を行い、取材力の高さを示していた。新聞はまた、被災地の地図や犠牲者の氏名などを掲載し続け、記録メディアとしての威力を十分に発揮したと評価できる。

とはいえ、前述したように非常に多くの出来事が同時発生し、進行していたこともあり、紙面が十分に整理されず、混乱していたという印象は残った。というのも、①避難所の現状、②福島の原発事故、③被災地の復旧の状況、④震災関連の政治・経済・社会の動き、などが紙面の中に入り組んで報じられていたからである。それに加えて、専門家や有識者の意見が記事の中に入ることになったのである。情報を区分し、整理しながら伝えることの必要性が感じられた。

時間の経過とともに、被災地以外の地域は日常生活を徐々に取り戻すようになった。その段階で、震災関連報道とそれ以外の出来事に関する報道が混在するようになった。震災関連報道はまとめて扱い、他の日常のニュースや解説と切り分けるといった、紙面上のより一層の工夫が必要だったのではないか。これは、近年改善されてきたとはいえ、やはり各部署、たとえば、政治部、経済部、社会部といった、新聞社組織の縦割りの表われといえる。

東北の地方紙は、当然のことながら震災によって大きな被害を受けた。そうした困難かつ窮状の中で、地元の地方紙はさまざまな企画を打ち出すなど、精力的に報道し続けた。仙台市に拠点を置く河北新報の「特集：ふんばる」はその好例である。この特集の狙いは、以下のように述べられている。

「東北の人々の命や暮らし、古里の街を奪った東日本大震災。今も多くの人が行方不明の肉親を捜し、避難所で寒さや疲れに耐え、ライフラインの復旧を待つ。今日を生き抜くこと、希望を取り戻すこと、そして再び立ち上がること。そんな思いで支え合い、動き始めた人々を被災地のさまざまな場所で見つめる。」（二〇一一年三月二二日）

また、石巻市の夕刊紙である石巻日日新聞は、被災後六日間にわたって手書きの壁新聞を発行し、被災者に情報を提供した（石巻日日新聞社編『6枚の壁新聞』角川ＳＳＣ新書）。このように、地方紙、あるいは地域紙はまさに「ふんばる」ことで、その存在意義を再確認させたのである。

4　不確実な原発報道

この大地震の影響で、東京電力福島第一原子力発電所の各原子炉が緊急停止し、外部からの電源供給が不可能になった。その後の大津波の襲来により、非常用の内部電源も作動しなくなり、原発事故が発生した。事故発生当初、日本の各メディアは、旧ソ連のチェルノブイリで生じた原発事故（一九八六年四月に発生）と比べて、福島原発の事故のレベルは高くないという専門家の希望的観測をさかんに伝えていた。

日本のマスメディアは、当初、海外メディアと比べれば、比較的冷静さを装いながら報道し続けていた。特にＮＨＫは、自局の解説委員を積極的に起用し、わかりやすい説明を心がけていた。彼らはかなり早い段階から「きわめて深刻な事態」と繰り返し述べていたが、その語り口は冷静かつ安定していた

しかし、その後事故の深刻さが明らかになるにつれ、報道内容やその姿勢も大きく変わることになった。また、海外メディアの反応も早く、国外に脱出する大使館や企業のスタッフも多数いた。そうした情報が飛びかう中、日本の多くの一般市民は恐怖におののきながら、祈るような気持ちで事故の推移を見守るしかなかった。原子力発電所構内、そして原発周辺では高レベルの放射線が検出されていたにもかかわらず、「ただちに健康に影響を与える値ではない」という政府

の見解がメディアを通じて繰り返し伝えられ、それを裏づけるような専門家の見解も大きく報じられていた。

その一方で、インターネット上ではこの事故の深刻さを指摘する声が、かなり早い段階で数多くあがっていた。放射能の被曝量を測定するSPEEDI（緊急時迅速放射能影響予測ネットワークシステム）のデータは存在していたが、それが原子力規制委員会から初めて発表されたのは、三月二三日になってからであった。その概要は、「原発から北西と南の方向に放射性ヨウ素が飛散し、最も影響を受けるケースだと、三〇キロ圏外でも一二日間で一〇〇ミリシーベルトを上回る甲状腺の内部被曝を起こす可能性がある」（朝日新聞、二〇一一年三月二四日）というものであった。そうした中で、たとえばインターネットにおいて一般市民は、政府や東京電力だけでなく、以下に見るようにマスメディアに対しても強い批判の眼を向けるようになった。

「（原発事故直後のテレビ番組は：引用者）ただちに健康に影響はないという、政府・東電側のお題目を、何らのコメントもつけずに繰り返しタレ流し、どれだけの住民を被曝させてしまったことか。政府・東電と同時にテレビメディアの罪も深い。相変わらずの発表報道依存と悪しき客観報道主義に、テレビは深奥まで汚染されていたのだ。」（加藤久晴『原発テレビの荒野』大月書店）

記者たちは現場に入って取材することができず、原発に関する科学的知識や情報が不足していた。したがって、政府や東京電力が発表した情報をほとんど検証することなく、あるいは検証できないまま流すしかなかった。こうした報道に対する記者たちの苦悩と反省は、さまざまな機会に表明されてきたのも事実である。

ＮＨＫとは異なり民放テレビ局では、自局の記者や解説委員よりも、局外の原発や放射能の専門家が登場し、解説を行う場合の方がはるかに多かった。彼らの発言にしても、そのほとんどは「今回の事故は楽観視できないが、現状ではそれほど悲観的になる必要はない」という程度にとどまっていた。アナウンサーや記者はほとんどの場合、専門家によるあまり根拠のない観測を復唱し、受け入れるしかなかった。

こうした深刻な問題が、原発報道にはつねにつきまとっていた。加えて、原発事故の解説を行っていた専門家の背景や経歴がほとんど不明だった点も問題にすべきであろう。その専門家がこれまで原発とどうかかわってきたのか、原発推進派なのか反対派なのかといった情報が視聴者に提供されることはほとんどなかったのである。この種の情報は、解説とともに字幕などを使って視聴者に伝えるべきであった。視聴者にとって、そうした情報は専門家の発言を判断する際の有力な手がかりになったはずだからである。この種の問題も含め、大きな不安を抱えたまま、視聴者はテレビを見続けるしかなかった。

さらには、ソーシャルメディアを中心に「風評被害」が生じたことも忘れてはならない。その状況は「地震・津波・原発事故、そして……風評被害『四重苦だ』放射能誤解、野菜以外にも」（朝日新聞、二〇一一年四月一六日）というように報じられた。風評被害に関する新聞やテレビの報道は概してその鎮静化に努めるものであったが、この種の被害の場合にはそれだけでは収まらないのが一般的である。というのも、「鎮静化」を意図した記事であっても、それに関する情報が伝達されることそれ自体、風評被害も含めた社会不安を生み出すことになるからである。

5　原発事故から原発再稼働問題へ

原発事故発生直後から、「脱原発」を求めるデモが日本各地で生じるようになった。こうした社会運動に関しては、主要メディアは伝えるべき震災関連情報があまりに多かったこともあり、当初はあまり大きく報じることはしなかった。

比較的早い段階で報じた全国紙は、毎日新聞であり、二〇一一年三月二八日に「東日本大震災：福島第一原発事故、東京・銀座で反対デモ」という見出しで報じた。しかし、その扱いは非常に小さなものだった。その後、「脱原発」デモは国会周辺を中心に大きなうねりとなり、メディアもようやく積極的に報じるようになった。結果的に、反原発デモに関する報道は出遅れたのである。

深刻な原発事故をきっかけに、エネルギー政策そのものに関しても、さまざまな論議が生じるようになった。なかでも朝日新聞は、二〇一一年七月一三日に、提言「原発ゼロ社会」という社説を五本掲げ、「脱原発」の方針を明確に打ち出した。最初に「推進から抑制へ、原子力社説の変遷」という社説では「危うさへの感度足りず」という言葉に象徴されるように、これまでの「Ｙｅｓ、Ｂｕｔ」（原発に反対はしない、しかし安全には留意すべき）という主張を深刻に反省し、そのうえで「反原発」へと一八〇度方針転換したのである。その内容は、「廃棄物の処理、核燃料サイクルは撤退」、「自然エネルギー政策、風・光・熱、大きく育てよう」、「新たな電力体制、分散型へ送電網の分離を」、「脱原発への道筋、高リスク炉から順次、廃炉へ」というものであった。

他方、読売新聞は「新エネルギー策、安全性高めて原発利用続けよ」（二〇一一年五月二七日）と題した社説において、「資源小国の日本が経済力を維持し、復興に確かな道筋をつけるためには、やはり、原発の安全性を高めて活用していくことが現実的な選択である」という見解を示した。「原発検査停止、政府は運転再開へ全力挙げよ」（二〇一一年六月一〇日）という社説では、「全国の電力供給の三割を担う原発が止まれば、生産の減少や消費の冷え込みによって、震災で減速した景気が腰折れしかねない。生産拠点の海外移転による産業空洞化も加速し、復興への足かせとなる」と主張し、主に経済問題と連関させることで、原発再稼働を強く主張した。こうして「脱原発」、「原発再稼働」に関する新聞の論調は二分していくことになる。

その後、「福島で東京で、脱原発を叫ぶ、東日本大震災から半年、デモ相次ぐ」(朝日新聞、二〇一一年九月一二日夕刊)という報道に見られるように、「脱原発」デモは一段と勢いを増していた。ところが野田佳彦内閣は、翌二〇一二年六月に大飯原発再稼働の方針を打ち出した。これに反発して、特に毎週金曜日になると原発再稼働に反対する数万の人々が首相官邸を取り囲みデモを行った。

しかし、こうした動きに関しても、主要メディアの対応は決して速いものではなかった。六月二九日になると、デモ参加者の数は一〇万人を超えるようになった。この段階に至って、たとえば朝日新聞は一面で「『脱原発』官邸前埋める、市民ら抗議活動」という見出しで、デモの写真とともに「関西電力大飯原発(福井県)の再稼働を七月一日に控え、市民らの抗議行動が二九日夜、東京・首相官邸前であった。ツイッターなどの呼びかけに応じて集まった人々が道路を埋め尽くし、『脱原発』への大きなうねりとなって官邸に迫った」(二〇一二年六月三〇日)と報じた。原発再稼働の問題が具体化していたにもかかわらず、それに関する反対デモの報道はやはり出遅れてしまったのである。

6 戦後日本社会に対する根本的な疑問へ

「東日本大震災」の一六年前の一九九五年一月一七日、午前五時四六分、マグニチュード七・三の大地震が兵庫県南部を襲った。阪神・淡路大震災である。この震災で約六、四〇〇人以上もの犠牲者が出た。この惨状を前に、村上春樹は「我々は結局のところ、不安定な暴力的な地面の上に生きているのだ。我々の社会システムにはどうやら、何か間違ったところがあるらしい」(『雑文集』新潮文庫)という認識が日本社会に広がったという見方を提示していた。東日本大震災、そして原発事故は、日本社会に村上のこの言葉を再度、そしてより強く認識させることになった。また白井聡は、東日本大震災、そして原発事故に関して、それらが「これまでの「戦後」を総括する基本的な物語(=「平和と繁栄」)に対する根源的な見直しをせまるもの」(『永続敗戦論』太田出版)と断言した。

日本のジャーナリズムは、被災地の復興の模様は頻繁に、かつ精力的に報道してきた。現在もなお、そうした報道姿勢は続いているし、「あの日を忘れない」という言葉は日本社会に定着したといってよいだろう。しかし、被災地の復興の問題と原発問題、特に原発再稼働の問題が次第に切り離され、論じられる傾向が生じるようになったのではないか。人々の記憶は、形を変えながら再生産されていくのがつねである。村上と白井の言葉はこうした風潮に重大な警鐘を鳴らしていると思われるのである。

第6章　政局報道と政策報道――「菅政権批判」を中心に

1　政局報道と政策報道

新聞やテレビといったマスメディアには、政治部と呼ばれる部署がある。その部に属する記者たちは、主に政治家や官僚といった政治エリートを取材対象としている。ここでは、政治部の記者の手による報道を「政治報道」と分類しておく。この分類は、あくまでも便宜的なものであり、社会の政治的な出来事がすべてここでいう「政治報道」の中に収まるわけではない。

そのことを承知で「政治報道」という分類を設けてみると、この種の報道は「政策報道」と「政局報道」に分けることができる。社会で解決すべき問題が生じた場合、政治エリートたちはさまざまな政策を打ち出し、その解決を試みようとする。政策は、主に政治家や官僚によって立案、決定、実行され、評価される。こうした一連の政策過程においては、関連する業界や組織、そしてメディアや一般市民が関与する場合も当然ある。しかし、やはりこうした一連の政策過程で主導権を握るのが、政府、与党、あるいは官僚たちである。その問題や政策が社会で大きな関心を集める場合、メディアはそれにかかわる一連の動きを報じることになる。選挙の場合には、各政党が主張する政策を扱う報道も、政策報道に含まれる。

その一方、政局報道とは、政党間、政党内の集団（たとえば派閥）間、政治家の間、あるいは選挙の場合には候補者の間、それぞれにおける交渉や駆け引きを扱う報道を指す。政府や政党内での有力なポストをめぐる報道、そして議会における政党間の駆け引きなどを扱う報道が、ここでいう政局報道にあたる。それ以外にも、選挙の場合には候補者間の公認争い、当落予想、さらには政党の獲得議席数の予測といった話題に終始する報道もそれにあたる。政局報道においては、「権力闘争」という言葉も頻繁に飛びかう。ジャーナリズムがこの種の報道に傾斜すると、結果的には「国民不在の権力闘争」といった側面のみが強調され、政策についての論議が見えにくくなることから、さまざまな批判を招くことになる。

社会におけるメディアの影響力が強まり、メディアと政治が不可分の関係になるというメディア政治が日常化し、それにともない政治がますます劇場化するようになってきた。それと並行して、メディアが本来報道すべき「政策報道」の比重がますます軽くなり、「政局報道」が支配的になってきたという批判は絶えない。

政策報道と政局報道というのは、このように対極的に、あるいは二項対立的に位置づけられることが多い。しかし、これら二つの種類の報道は、本来は密接に関係しているはずである。というのも、政局や選挙に勝利した、あるいは自らに有利な状況を導いた政治家、派閥、政党によって掲げられた政策が実行される可能性が高まるからである。このことは、政治家、派閥、政党が政局に熱心であることの、あるいはジャーナリストが政局報道を中心に報じることを「正当化」する理由にもなりうる。

ただし以下では、日本の政治状況を中心に扱うこともあり、ここではあえて両者を区分して考えることにしたい。その主な理由は、第一に、ジャーナリズム批判で頻繁に指摘される、マスメディアと政治家や官僚といった政治エリートとの密接な関係である。この点は、情報源との距離という言葉でこれまでたびたび語られてきた。それは「記者が本来、取材対象とは完全に独立していなければならない存在であることを、記者自身が忘れているのではないか」（藤田博司『どうする情報源』リベルタ出版）といった批判を招くことになる。情報源とのこうした距離の近さが、特に政治部を中心とする記者たちが有力政治家の動向に比重をおいて報道することにつながり、その結果、政治報道が政局報道中心になる傾向が強まってしまうのである。

第二に、これまで本書でもたびたび指摘してきたように、メディア政治、なかでもテレビの影響力を重視した「テレビ政治」、「パフォーマンス政治」、さらにはポピュリズムが一段と本格化したことがあげられる。こうした政治手法が、政策の実現と結びついてきたのも事実である（第

3章、参照)。とはいえ、そうした特徴がもっとも顕著に見られたといわれる「小泉政治」以降、政治の劇場化が一段と進展することによって、政局報道の「面白さ」が一段と目立つようになってきたという言い方は十分できるであろう。

第三に、冷戦が終了したこともあり、日本政治でもいわゆる「革新」勢力が退潮し始め、さらに一九九四年に小選挙区比例代表並立制が導入され、一九九六年の衆議院選挙から実施されたことがあげられる。その結果、保守対革新という政党間の図式(五五年体制)が崩れ、それ以降は保守対リベラルという、より不明確な図式で語られるようになった。自民党と民主党という、いわゆる「二大政党制」への移行が進んだのである。二〇〇九年には自民・公明両党の連立政権から民主党へ、そして二〇一二年にはその逆の政権交代が生じた。こうした政権交代が進むにつれ、政党間の政策の幅が狭まるようになった。また、衆議院と参議院の多数派が異なるという「衆参のねじれ」状況も生じやすくなった。その結果、政策面での明確な対立軸が見えにくくなり、そのぶん政局報道が目立つようになったという見方もできる。その後、多数の政党が乱立するようになったが、こうした診断は今もなおあてはまると思われる。

2　震災発生直後の菅政権批判報道

民主主義とは、選挙や世論などを通じて一般市民が政策を選択できる政治システムである。この考え方、そして理念は、日本社会でもかなり定着してきた。したがって、政局報道にかたよっているという批判は根強く見られるものの、それも含め政治報道を行うことは、民主主義社会においてはジャーナリズムの重要な役割ということになる。

ところが、その許容範囲をこえた報道が、東日本大震災の発生直後に新聞紙面をにぎわすようになった。この種の報道に関して、以下では批判的な観点から検討を行うことにしたい。というのも、「三・一一」東日本大震災発生直後という、きわめて深刻な「国難」の時期にあっても、一部の報道では政策報道よりも政局報道が優先されていたと思われるからである。この問題はじつは、新聞記者たちによっても提起されたことがある。たとえば、東日本大震災、そして原発事故が生じた福島県の地方紙である福島民報の記者は、座談会の中で以下に見るように痛烈な批判を行った。

「我々福島県民からすると、大震災・原発事故という国難を利用して解散・総選挙をあおるようなムードを感じました。……報道が政治空白を助長して、復興の遅れを招いているのではないかというのが、被災地からの見かたです。」（佐藤光俊ほか「座談会：大震災・原発事故下の政治報道、メディアは何を誤ったのか?」『ジャーナリズム』二〇一二年一月号）

ここで批判されている政局報道の最たるものが「菅直人政権批判」、そして「菅おろし」の報道であった。この点に関しては、毎日新聞の政治部記者も次のように厳しく自己批判をしている。

「……政治報道の歴史の中でひどい汚点を残したと思ってるんです。やっぱりもう少し自制すべきだったと思います。政治家も政治記者も原発は収束しないし、復旧・復興も遅々として進まないしということで、うまくいかないことを『すべて菅が悪い』と、一種、不満のはけ口みたいにしてしまった。」（同）

これらの批判を招いた、「菅政権批判」を中心とした政局報道は、じつは震災発生直後のかなり早い段階から生じていた。大きな余震も続発し、原発事故が深刻化していた震災発生わずか四日後の段階で、読売新聞は次のような主張を行っていたのである。

「未曽有の大惨事となった東日本巨大地震をめぐり、菅政権の無策ぶりが次々と明らかになっている。放射能漏れや計画停電など、国民の安全に直結する問題では対策が遅れ、情報発信も不十分なため、国民の間には混乱と不安が広がる一方だ。菅首相が今なすべきことは、一刻も早く被災地復興に向けた全体計画を打ち出し、官民一体でこの国難を乗り越えるための強い指導力を発揮することだ、との指摘が政財界の各所から出ている。」（二〇一一年三月一五日）

この記事では、「どなる首相」、「政治ショー」という見出しが並び、菅首相の指導力に対して強い疑問が投げかけられている。確かに、その後の震災対応に関するさまざまな検証を参照するならば、菅政権の震災直後の対応が適切であったという評価はとてもできない。多くの証言や資料が、そのことを裏づけている。たとえば、原発事故が生じた直後の三月一二日に行った福島原発視察の問題、そして一五日に東京電力本社に出向き「撤退したら東電は一〇〇パーセントつぶれる。逃げてみたって逃げ切れないぞ」と語気荒く述べたことなどがたびたび取り上げられ、批判されてきた。

しかし、その一方で先の指摘にもあるように震災・原発対応の「不満のはけ口」として菅政権に対する批判が生じ、それに伴い対応が不十分なのではとの不安が社会に広まっていたという見方もできる。

この時期、菅政権に対する批判が高まったそれ以外の理由としては、震災発生以前の段階から菅政権に対する批判がメディアによって数多く行われ、一般市民の政権支持率もかなり低下していたことがあげられよう。実際、朝日新聞の世論調査では、菅政権を「支持する」二〇%、「支持しない」六二%、となっていた（二〇一一年二月二二日）。読売新聞の同様の調査では、「支持する」二四%、「支持しない」六七%、であった（二〇一一年三月七日）。この支持率は、震災前にすでに菅政権が「危険水域」に入っていたことを示している。

朝日新聞は、民主党内の予算採決をめぐる混乱に言及し、「ふらふら菅政権、弱腰処分予算案採決、民主一六人欠席」（「時々刻々」二〇一一年三月二日）と題した記事の中で、「菅政権の弱体化はもはや覆い隠せない。新年度予算案を集団欠席した民主党の一六議員に厳然たる処分を下せず、菅首相の威信は傷つく一方だ」と述べている。読売新聞もまた、「政府内でも首相退陣論、菅政権、『学級崩壊』様相」（二〇一一年三月九日）と報じるなど、菅政権が統治能力を著しく欠如させ、事実上機能していないという記事が各紙をにぎわせていたのである。

この時期、菅政権が統治能力を失い始めていたのはほぼ定着した見方だった。また前述したように、菅政権の大震災への対応が適切であったと評価することは、その後のさまざまな資料や証言を見る限りむずかしいのは明らかである。

しかし、震災が生じてからわずか四日後の三月一五日という時点で「菅政権の無策ぶりが明らかになっている」という判断を下すのはあまりに時期尚早だったのではないか。「三・一一」以前の政局報道にかなりの比重をおいた政治報道が、震災発生以降の報道にも影響を与え、それが前掲の福島民報の記者の批判、すなわち「こうした報道が政治空白を助長した」という批判を招くことになったと思われる。これらの記事を見ると、こうした疑問や批判が浮かんでくるのである。

菅首相はこの緊急時にあたり、自民党との「大連立」による「危機管理内閣」を構想し、模索するようになった。しかし、この構想も以下の記事に見られるように、主に政局関連の動きとしてとらえられ、報じられていた。以下の記事は、この時期の新聞のこうした姿勢を端的に示すものである。

「将来の連立も念頭、東日本大震災対応の危機管理内閣構想――菅政権が東日本大震災への対応を強化するため、閣僚を３人増員する案を野党に打診した。野党を加えた『危機管理内閣』を作り、政権を安定させる狙いが透ける。ただ自民、公明両党には菅政権への不信感が募り、閣内に入って震災対策の共同責任を担うことには抵抗が強い。」（朝日新聞、二〇一一年三月一九日）

先に述べたように、政策報道と政局報道はそもそも深く関連している。ところが、この記事の中の「将来の連立も念頭」、「政権を安定させる狙いが透ける」という表現が象徴するように、国難に対応するための政策を積極的に立案・決定・遂行することを目的とする「危機管理内閣」構想が、もっぱら政局報道の観点から論じられていた。菅首相が政局とまったく無縁に危機管理（＝大連立）内閣を構想したとは考えにくい。しかし、それでもこうした報道では政局の局面が強調され、この種の報道も「菅おろし報道」と結びつくことになったのである。

この点については、「僕も現場にいたら、何を期待されているかということを錯覚するかもしれません。菅さんが何か進退に言及することがニュースになるんだと」（佐藤ほか、前掲）という指摘が参考になる。未曾有の国難の時期にあっても、政治報道を行う記者にとっては政局にかかわる動きの方に高いニュースバリューを置いていたのである。

3　政権の対応に関する世論調査

次に、政局報道、すなわち「菅おろし」報道に関連する新聞各社が実施した世論調査について検討してみる。メディアが実施する世論調査については以下の点に気をつける必要がある（第1章、参照）。この種の世論調査というのは、マスメディアが作り出した、いわゆる「出来事」であり、その結果を報じ、解説し、論評するのもマスメディアだということである。したがって、マスメディアの世論調査結果に関する報道は、そうした意図か否かは別として、世論や政治の動向に積極的に参入することになる。

こうした特徴を持つマスメディア、中でも新聞の世論調査に関して、「三・一一」以降の政治報道の中で、「菅政権批判」、さらには「菅おろし報道」と連動していた点に着目し、ここでは主に批判的な観点から検討してみる。震災関連の世論調査結果は、読売新聞が四月四日、朝日新聞と毎日新聞が四月一八日に、それぞれ報じている。なお、これらの調査の質問項目はかなり重複している（下記の数値は紙面上で公表されたもの）。

①　大震災に対する政府＝菅政権の対応に関する評価（未回答は省略、以下同様）。
・　読売新聞――「評価する」四三％、「評価しない」四四％。
・　朝日新聞――「評価する」二二％、「評価しない」六〇％。
・　毎日新聞――「大いに評価する」七％、「ある程度評価する」四三％、「あまり評価しない」三五％、「全く評価しない」一一％。

②　原発事故に対する政府＝菅政権の対応に関する評価。
・　読売新聞――「評価する」二七％、「評価しない」六一％。

・朝日新聞――「評価する」一六%、「評価しない」六七%。
・毎日新聞――「大いに評価する」四%、「ある程度評価する」二四%、「あまり評価しない」四五%、「全く評価しない」二三%。

これらの調査結果を見ると、大震災に関する政府＝菅政権の対応をめぐる評価は、読売新聞と毎日新聞ではほぼ二分されていた。それに対し、朝日新聞の結果は菅政権に対してかなり厳しくなった。原発事故に関しては、いずれの新聞の世論調査でも、「評価しない」という回答が多数をしめた。

ただし、やはり疑問なのは、震災発生から約一ヶ月後のこの時期に、原発事故に関する評価を尋ねる調査を実施したことである。回答者の多くが原発事故に関する確たる情報をあまり持たないこの段階で、この種の調査を実施すること自体、はたしていかなる意味があったのだろうか。今回の原発事故に関しては知識や情報が不足し、さまざまな流言も飛びかっていた。したがって、一般市民を対象に実施される世論調査は、いずれも結果の妥当性や信頼度に関しては警戒しながら読み解く必要性が高かったはずである。

これらの世論調査の回答者は、いったい何を根拠に菅政権の原発対応を評価したのであろうか。その多くは、メディアの報道だったはずである。ところが、メディアの原発事故に関する報道はかなり混乱し、不確実なものも多かった（第5章、参照）。そうだとするならば、そうしたメディアの情報を根拠に意見を形成していた回答者は、より不確実な回答をするしかなかったはずである。このように考えると、ここで掲げた世論調査結果は、きわめて不十分なものであり、まさにメディアによって作られた「現実」そのものだったのである。

4　政局報道と世論調査

それ以上に問題だと思うのは、次に見るように、「菅首相の指導力」、「菅首相の続投」、「民主党と自民党が連立政権を組むこと」に関する評価を問う調査にしても、やはり政局報道、特に「菅おろし」報道と連動して行われ、解説されていた点である。

①　菅首相の指導力に関する評価。

・　読売新聞――「発揮している」二四％、「そうは思わない」六九％。

・　毎日新聞――「発揮している」一六％、「発揮していない」七八％。

②　菅首相の続投を望むか。

・　読売新聞――「早く退陣してほしい」一九％、「今の国会が終わる今年の夏ごろまで」

三一%、「民主党代表の任期が終わる来年の秋まで」二三%、「衆議院議員の任期が終わる再来年の夏まで」一六%。

・朝日新聞――「首相を続けてほしい」三六%、「早くやめてほしい」四三%。

・毎日新聞――「できるだけ長く続けてほしい」一四%、「復興対策が一段落するまで」五三%、「できるだけ早くやめてほしい」二六%。

③「民主党・自民党連立政権」に関して。

・読売新聞――「連立を組む方がよい」六三%、「そうは思わない」二七%。

・朝日新聞――「賛成」四三%、「反対」三七%。

・毎日新聞――「賛成」五七%、「反対」三三%。

これら三つの質問が、前掲の震災・原発事故に関する菅政権の対応についての評価と関連しているのは明らかである。実際、菅首相の指導力に対する評価は、いずれの調査でも低くなっている。しかし、菅首相に対して「早期の退陣」を望む声、すなわち「早く退陣してほしい」と「できるだけ早くやめてほしい」とをあわせた数値は、読売新聞と毎日新聞ではそれほど大きくなっていない。というよりも、読売新聞一九%、毎日新聞二六%とかなり少数にとどまっている。朝日新聞の数値が四三%と比較的高くなっているのは、回答の選択肢が二者択一になっていることが影響していると思われる。それでも、早期退陣を望む声と望まない声の差は七％であった。これらは、震災からの復旧や復興の目途がある程度つくまでは、菅政権の続投は認めざるをえないという民意の表われと見ることができよう。

しかし、こうした調査結果が出たことについて、読売新聞（二〇一一年四月四日）の社説は「震災後の世論調査、首相の指導力不足に厳しい声」と題し、次のような見解を示している。

「東日本大震災と福島第一原子力発電所事故を巡って、菅首相は指導力を発揮していない――そう見る人が、読売新聞社の震災後初の世論調査で約七割にのぼった。国難とも言える震災への対策が遅々として進まない。首相はしっかり対処せよという国民の叱咤の声と受け止めるべきだろう。一方で、菅内閣の支持率は三一％と、前回より七ポイントも上昇した。国民の信頼を失い、危険水域にまで達していた支持率の低下に、大震災が歯止めをかけた格好だ。これは、未曽有の事態に直面して、首相の交代や衆院の解散・総選挙の余裕などなく、現内閣を頼みにするしかないという支持の広がりと見るべきだろう。」

この社説にもあるように、震災後のこの時期、菅内閣の支持率はやや増加傾向にあった。読売新聞のこの解説、そして前掲の世論調査からわかるように、世論の比較的多数派は震災後の状況に関して、「首相の交代や衆院の解散・総選挙を行う余裕など（ない）」という判断を行い、「現内閣を頼みにするしかない」という見解を示していた。また「民主党・自民党連立政権」に対しても、支持する意見が多数をしめていた。こうした世論は、政局よりも震災の復旧・復興を優先すべきという意見の表われといえる。しかし、前述したように（朝日新聞、二〇一一年三月一九日）連立政権の構想にしても政局の観点から説明する記事も見られたことを考慮するならば、政局の動向に関心を持つ記者たちと、復旧・復興を優先してほしいという世論との乖離は容易に見出せるのである。

なお、これらの世論調査の中には、「政策的」視点からの質問、すなわち「災害復興のための増税」に関しても調査が行われていた。読売、朝日、毎日各紙の調査結果は、以下のようになっている。

・読売新聞――「賛成」六〇％、「反対」三一％、「答えない」七％。
・朝日新聞――「賛成」五九％、「反対」三一％。
・毎日新聞――「賛成」五八％、「反対」三三％。

いずれの調査においても、復興のための増税賛成という意見が反対を上回った。このように政策と密接にかかわる調査が行われていたのは事実である。その一方、メディアの政局報道に対する志向の強さという観点からすると、以下の質問と結果については改めて検討する必要があると考える。

というのも、この質問は一見すると政策について尋ねているように見えるが、民主党の政策に対する批判に通じているからである。それは、「民主党が二〇〇九年の衆議院選挙のマニフェストに掲げた「子ども手当」などをやめて、今回の災害復興の財源とすることに、賛成ですか、反対ですか」という読売新聞の調査である。

その結果は、「賛成」八三％、「反対」一三％、となった。この調査では賛成が反対を圧倒的に上回っている。ただし、ここで重視すべきは、この質問を設けた読売新聞が、震災発生前の二〇一一年三月五日の「社説」において「民主党政権公約、見直さないことこそ無責任だ」と題し、「多くの国民は、子ども手当や高速道路無料化などのバラマキ政策を支持していない」と主張していた点である。

読売新聞は、「復興財源のための増税」という質問を行う一方で、少子化対策、そして「社会で子供を育てる」というスローガンの下に提起された「子ども手当」を復興財源と関連させてこの質問を行い、自社の主張と同様の結果を得たのである。このことは、「菅政権批判、あるいは民主党批判」、さらには「菅おろし」という読売新聞の主張が震災後も継続し、それが復興財源という政策に関する世論調査に反映されたととらえられるのである。

5 根強い政局報道志向

東日本大震災の報道に関しては、多くの検証が研究者やメディア自身の手によって行われてきた。「大震災」に直面し、さまざまな制約はありながらも、そうした中で必死に報道していた多くの記者たちがいた。その一方で、ここで述べてきたように、政局報道を志向していた記者たちもいたのである。そして、こうした政治報道に関しては、私自身、強い違和感を覚えたのは確かである。

かつての「五五年体制」下での政治報道に関しては、「水面下の裏情報をいかに多くつかんでいるかが政治記者として『できる記者』かどうかの分かれ目になり、社内のライバルや他紙、他メディアとの情報戦を勝ち抜く道とされてきた」（新聞報道研究会編著『いま新聞を考える』日本新聞協会研究所）と述懐されたことがある。この発言は、ジャーナリズムという業界や組織の評価を優先することで、政局報道への志向が強かった状況を説明したものである。

しかし、その後、読売新聞の政治部記者は「政治報道全般の在りようが変化してきた」と述べ、そのうえで「戦後半世紀を経て、政治、経済を含め戦後システム全体の見直しが求められていることなどから、報道の上で、より政策の占める比重が増し（てきた）」（読売新聞社調査研究本部編『実践ジャーナリズム読本』中央公論新社）という評価を下したことがある。この指摘は、政治報道の中心が政局報道から政策報道へ移行してきたことを言い表したものである。

この章では、「大震災」のただ中にありながらも、政策よりも政局を重視する報道の一面を示すことで、政局報道の志向性がいまだに強いことについて批判的に論じてきた。そしてまた、新聞各紙が実施した世論調査がそうした政局と連動していたことについても主に批判的な観点から検討してきた。

こうした報道姿勢を生み出す要因に関して、たとえばニュースバリュー論などと関連づけながら、ジャーナリズム論として、あるいはジャーナリズム批判として、より詳細に再検討することがこれからの重要な研究課題となるのは明らかである。

第7章 「冷めた」ジャーナリズム論から見た「朝日誤報」問題

1 ジャーナリズム論の二つの立場

ジャーナリズム論は二つの立場に分けることができる。一つは、ジャーナリズムにひたすら寄りそいながら、記者クラブの存在や機能、ニュース番組の娯楽化、営利主義優先といった問題を取り上げ、それについて概して批判的な視点を前面に出しながら論じるジャーナリズム論である。ここでは、それを「熱い」ジャーナリズム論と呼ぶことにする。

この視点に立つことで、たとえば冤罪報道などを素材にして、誤報に関する批判や非難も繰り返し行われてきた。さらには解説や論評の偏向、そうした偏向が報道に及ぼす影響についてもさまざまな立場から論じられ、批判されてきた。

「熱い」ジャーナリズム論のとる手法は、ジャーナリズムの「使命」を掲げ、それとの比較から実態を批判するというものである。メディア間の批判やメディアが自己批判を行う際にも、こうした手法はごくふつうに用いられてきた。

それとは対照的に、ジャーナリズムについて語る場合、もう一つの立場がある。ここではそれを「冷めた」ジャーナリズム論と呼ぶ。この種のジャーナリズム論は、「熱い」ジャーナリズム論と同様の問題意識は持つものの、そうした思いをいったん封印してしまう。

そのうえで、ニュースの制作過程をできるだけ冷静に分析するようにする。その際に用いるニュースの制作過程の基本図式は、「社会的出来事の選択」→「取材によるニュースの素材の収集」→「ニュースの素材の編集と整理」→「ニュースの提供」と示すことができる（第1章、参照）。

これら一連の過程において、いかなる力が作用し、社会的出来事がニュースへとどのように「変化」あるいは「変形」するのかという問題がここでは中心にすえられる。その時、ジャーナリズムの業界や組織に対して外から作用する力と同様に、あるいはそれ以上にジャーナリズムの内部で働く力、たとえば慣行や規範に大きな関心を払うことになる。さらには、取材体制なども扱われる。以上が、「冷めた」ジャーナリズム論がとる基本的な立場である。

ジャーナリズムの内部で働く力により強い関心を持つ理由は、言論の自由が保障され、自由民主主義が標榜されている社会においては、ジャーナリズムに対する明確な形での干渉や介入は、（少なくとも）表面上は控えられているからである。そこで以下では、「冷めた」ジャーナリズム論についてもう少し述べてみよう。この種のジャーナリズム論の特徴としては、以下の諸点をあげることができる。

2　社会とジャーナリズムとの関係

「冷めた」ジャーナリズム論の第一の特徴は、ジャーナリズムを社会の中に位置づけ、そのうえでジャーナリズムと社会との関連を強く意識しながら、ニュースの制作過程を分析するという手法をとることである。「熱い」ジャーナリズム論の場合、ジャーナリズムを社会の中からいったん取り出し、その活動に関して主に批判的な観点から論じることが一般的である。他方、「冷めた」ジャーナリズム論はそれとは大きく異なり、たとえば世論の動きに関しても格段の注意を払う（第1章、参照）。

なぜなら、ジャーナリズムと社会との結節点に位置するもの、それが世論だからである。世論調査によって示される、社会における複数の意見の分布（たとえば、支持・不支持、賛成・反対）、それが世論である。一つの意見が圧倒的に優勢になった場合、それは（支配的）世論と呼ばれることもある。あるいは、ジャーナリズムが世論を代弁、ないしは代表すると見なされることもあるが、その場合にはジャーナリズムの主張そのものが世論ということになる。

「熱い」ジャーナリズム論は、概して世論に対するジャーナリズムの影響力を問題にしたがる。

それに対し、それとは逆の方向性、すなわちジャーナリズムに対する世論の影響力も視野に収めるのが「冷めた」ジャーナリズム論である。ここでは、世論とジャーナリズムの間に繰り広げられるさまざまな相互作用が重視されるのである。近年のソーシャルメディアの普及が、このプロセスを一層複雑にしてきたことは周知の通りである。

3 業界に「適応」するジャーナリスト

「冷めた」ジャーナリズム論の第二の特徴は、ジャーナリズムをニュースの専門職、ジャーナリストをその専門家として把握するものの、そうした「専門性」については、二つの側面から評価できることを強く認識している点である。ジャーナリストは一般市民と比べ、出来事に関する専門的な知識や情報を豊富に備えているか、あるいは専門家に容易にアクセスすることができる。また、先に示したニュースの生産過程、すなわち社会的出来事をニュースに変換するという作業をきわめて短時間で行うことができるという技能を備えている。そうした技能は個々のジャーナリストの資質に負うこともあるが、一般には日常業務の中で教育され（オン・ザ・ジョブ・トレーニング）、その過程でたとえばスクープに対する強い志向性、そして「特オチ」（他のメディアが報じているのに、報道しなかったこと）に対する恐怖も身につけることになる。ジャーナリストはこうした教育を受け、経験を積むことで、ジャーナリズムという業界や組織の中で「社会化」される。

ここで「社会化」という用語を使ったが、これには二つのとらえ方が存在することは留意すべきである。一つは、「社会化」とは人々が社会で共有されているさまざまな規範や価値を自らの内面に取り込み、社会に適応していくことを指す。もう一つは、その過程で人々は社会からさまざまな制約を受けるという見方がある。前者の場合、個々のジャーナリストは専門家としてのさまざまな技能を習得し、向上させる過程で業界や組織の規範や作法を身につけ、適応していくことになる。後者の観点に立つと、ジャーナリストは「社会化」される過程で自らの思考や行動の幅を制限し、制約していくことになる。

ここにジャーナリズムの「専門性」のもう一つの側面を解く鍵がある。専門性が高く、それゆえに比較的閉鎖的なジャーナリズムという業界や組織の中で、ジャーナリスト、すなわち記者や編集者はその殻の中での作業を強いられるのである（じつは、このことは研究者にもあてはまる）。ジャーナリズムの中で培われてきた経験、そして前例がジャーナリストの自由な思考や活動の幅を狭めることになる。それが、多くのメディアが存在しながらも、ニュースを共通化させる主な要因であることは容易に理解されよう。

4 「主観的」な客観報道

近代のジャーナリズムの規範として頻繁にあげられるのが、客観報道、そして中立・公正な報道を行うべきというものである。この問題は本書でも再三論じてきたが、「冷めた」ジャーナリズム論は、こうした基本的ともいえる要件を素直には受け容れることはしない。あえて、それらと距離を置こうとするのである。これが、「冷めた」ジャーナリズム論の第三の特徴である。

社会的出来事に関する事実を収集し、それをできるだけ客観的に中立・公正な立場から報じるという使命感を持つこと、そしてこうした「旗」をジャーナリズムが掲げ、それを降ろすことができない理由については理解しているし、共感しているといってもよい。

しかし、その一方で「冷めた」ジャーナリズム論は、複数のジャーナリストが同一の社会的出来事を報じる場合、「複数」の客観報道が存在することを認める。さらには、形容矛盾を覚悟してあえていうならば「主観的」客観報道の存在を積極的に認めようとする。前掲のニュースの生産過程の図式によるならば、ニュースとは、各々のメディア、あるいは個々のジャーナリストによって社会的出来事を構成する要因の中からいくつかが取捨選択され、そうした素材が編集され、整理された結果だからである。

ここでいう「取捨選択」、「編集・整理」という作業が主観的であることは当然である。さらに、主観というからには、そこには一定の解釈や価値観が存在し、作用することになる。この主観にもとづくニュースの制作という観点を凝縮した用語、それが社会的出来事の重要性、あるいはニュース項目間の重要度を測る基準を意味する「ニュースバリュー」である（第1章、参照）。逆から見れば、各メディアや個々のジャーナリストが有するニュースバリューにしたがって制作されたもの、それがニュースなのである。

このように考えると、多くのメディアがありながらも、ニュースが類似するというのは不思議な、さらには批判されるべき現象ということになる。メディア、そしてジャーナリストは、各々の価値観にしたがって主体的に社会的出来事を選択するはずだからである。あるいは、同一の社会的出来事を報じる場合でも、独自の視点から編集し、整理し、論じることになるからである。

このような観点に立つならば、前述した「熱い」ジャーナリズム論でよく話題になる「偏向」報道も考え直す必要が生じる。「複数の客観報道」、「主観的客観報道」には、社会的出来事の取捨選択を含め「偏向」はつきものだからである。この観点からすれば、「偏向」なきニュースというのは存在しえないことになる。

それに関連して第四に、「冷めた」ジャーナリズム論ではニュースの「物語」という言葉がよく使われる。ジャーナリズムの現場、あるいは「熱い」ジャーナリズム論ではこの言葉はおそらく否定的な扱いを受けるに違いない。ニュースは当然事実にもとづかねばならず、その一方で物語という言葉、そして概念が、通常は文学作品を連想させ、事実とは対極に位置する「虚構（フィクション）」と親和性を持つと考えられているからである。この点を承知のうえで、ニュースの物語というとらえ方について以下述べてみる。

5　ニュースの「物語」

物語について語る場合、通常は、出来事を構成する複数の要素の間の時間的な配列を意味する「ストーリー」と、そうした要素の間の因果関係や仕組みを意味する「プロット」という概念は欠かせない。じつはニュースも、このいずれかの構成にしたがって作られている。すなわち、出来事をニュースで再現する際、複数の事象を時系列的に配列し、また出来事が生じた原因を可能な限り探り、示そうとするからである。

加えて、複数の出来事の間の歴史的な連関や意味づけを行う、より上位に位置する物語、すなわち「大きな物語」というのも存在し、出来事を意味づけする際によく用いられる。「大きな物語」とは、ある社会において支配的な価値観や歴史観と密接に結びつくものである。戦後日本社会においては、民主主義、経済成長、平和国家、文化国家といった理念が、ここでいう「大きな物語」にあたる。近年では、国際貢献や人権といった価値観も含めることができるであろう。

こうした価値観が国家を方向づけるとともに、諸問題を解決する際の判断基準となる。したがって、「大きな物語」は、出来事を報じる際の物語に必ずや影響を及ぼすことになる。もちろん、「大きな物語」の解釈やその実現をめぐって、あるいは複数の「大きな物語」の優先順位をめぐって対立が生じることもある。平和国家に関する護憲派と改憲派の論争は、その典型的な例である。

「冷めた」ジャーナリズム論は、こうした二種類の「物語」という観点から、ニュースを理解し、その重要性を積極的に認めることになる。それが、ニュースの制作過程のみならず、「ジャーナリズムの思想」についての思索を深めていくことにつながると考えるからである。

6　ニュースの言葉

第五に、「冷めた」ジャーナリズム論は、ジャーナリズムがもっぱら情報を扱う仕事であることから生じる制約にも眼を向ける。情報の基本に位置するもの、それは言葉である。私たちは、言葉を使って出来事を名づけ、そして意味づけや解釈を行う。テレビ映像にしてもいつも言葉が存在し、視聴者は言葉を用いて映像を解釈し、評価している。

ここで活目すべきは、できるだけ多くの一般市民に対して、わかりやすくニュースを伝えようとする場合、社会で広く流通している言葉を選択し、並べる傾向が強くなるという点である。ジャーナリストは自らの経験にもとづいて、あるいは前例を参照しながら、ニュースを制作しているからである。

こうして出来事は、社会で共有されている既存のカテゴリーに組み入れられ、意味づけられ、評価されることになる。その主たる担い手がジャーナリズムなのである。すなわち、ジャーナリストは社会の多数派の間で共有されている過去の経験や知識の枠内で、あるいは支配的な価値観の影響を受けながら、言葉や映像を選び、その作業を通じて出来事の定義づけや意味づけを行うということが日常化している。新たな言葉によって出来事を説明することは、ジャーナリストにとって大きな負担になるし、一般市民も理解するのが困難になるからである。それゆえ、ニュースの内容が複数のメディアの間で共通化することになる。

7 「吉田調書」の誤報問題

これまで、「熱い」ジャーナリズム論と比較しながら、「冷めた」ジャーナリズム論について述べてきた。以下では、この種のジャーナリズム論の特徴を強く意識しながら、朝日新聞の誤報問題と、それを契機に生じた朝日新聞批判について、私が感じた「戸惑い」を中心に述べてみたい。

「所長命令に違反、原発撤退　福島第一、所員の九割」、「葬られた命令違反　「吉田調書」から当時を再現　福島第一原発事故」という見出しが、二〇一四年五月二〇日の朝日新聞の一面トップを飾った。翌二一日には「ドライベント、福島第一３号機で準備、震災三日後、大量被曝の恐れ、吉田調書で判明」、二三日には「吉田氏、非常冷却で誤対応、震災当日、福島第一『私の反省点。思い込みがあった』」、そして二四日には「事故調、調書の開示想定、福島原発、吉田氏ら全七七二人分、政権は非開示のまま」という吉田調書をもとにした記事、あるいは関連する記事が一面を飾った。また二二日には、「大飯原発再稼働認めず、福島事故後初の判決、地震対策の不備認定、福井地裁」という記事がやはり一面に掲載され、朝日新聞の原発事故と原発再稼働に関する関心の高さが示された。

なかでも五月二〇日の記事は、その内容とともに、あるいはそれ以上にこの見出しが社会に大きな衝撃を与えた。しかも、同じ一面に「二〇一一年三月一五日朝の命令違反」というタイトルで所員の「撤退」の模様が図で示され（「吉田調書」をもとに作成と表記）、「福島第一原発緊急時対策室」（二〇一一年四月）と「吉田所長」の写真が掲載され、臨場感あふれるスクープ記事になっている。加えてリード（前文・要約）記事では「東日本大震災四日後の一一年三月一五日朝、第一原発にいた所員の九割にあたる約六五〇人が吉田氏の待機命令に違反し、一〇キロ南の福島第二原発へ撤退していた。その後、放射線量は急上昇しており、事故対応が不十分になった可能性がある。東電はこの命令違反による現場離脱を三年以上伏せてきた」と述べられている。所員の「命令違反」が原発事故の一層の深刻化を招いたような内容となっている。

大きなニュースは、一般に「見出し→リード→記事本文」という構成をとり、見出しが出来事についての新聞読者の理解やイメージに大きな影響力を持つことになる。見出しがニュースの物語の性質を大きく左右するからである。それに写真が加わると、その傾向は一段と強くなる。それに呼応して、記事本体の前文、あるいは要約の役割を担うのがリード（文）である。

内容がもし正確であったならば、この記事は間違いなくスクープであった。原発再稼働などの問題が繰り返し報じられてきたこともあり、事故発生当時の東京電力や政府の対応が、吉田昌郎元所長の証言を通して明らかになることとの意義は大きいはずであった。「吉田調書」の存在は知られていたが、公表されていなかった。それゆえ、この調書を入手した朝日新聞は、ニュースバリューの高さを認め、大々的に報じることになった。

ところが、この記事が「誤報」である可能性が高いことが、週刊誌や他の新聞などによって次々と報じられるようになった。その先駆けとなったのが、門田隆政「朝日新聞『吉田調書』スクープは従軍慰安婦虚報と同じだ」（週刊ポスト、二〇一四年六月二〇日号）であった。その後、各紙がこの「吉田調書」を入手することで、朝日新聞の誤報批判が新聞紙面をにぎわすようになる。そして、二〇一四年九月一一日に政府は、原発事故に関して政府の事故調査・検証委員会の「聴取結果書（調書）」を公開した。その中には、吉田元所長の証言も含まれていた。

翌九月一二日、朝日新聞社の木村伊量社長（当時）は記者会見を開き、この記事が誤報であることを認めた。その内容は、「社内での精査の結果、吉田調書を読み解く過程で評価を誤り、『命令違反で撤退』という表現を使ったため、多くの東電社員の方々がその場から逃げ出したかのような印象を与える間違った記事になったと判断しました。『命令違反で撤退』の記事を取り消すとともに、読者及び東電福島第一原発で働いていた所員の方々をはじめ、みなさまに深くおわびいたします」（朝日新聞社ホームページ）というものであった。この記事（五月二〇日）を取り消し、謝罪を行ったのである。

誤報はジャーナリズムにとっては確かに致命傷となりうるし、とりわけ関係者に対して多大な迷惑をかけることは否めない。誤報が生じるたびに、ジャーナリズムは猛省を促されてきた。誤報の原因の大部分は、記者の「思い込み」や「功名心」、そして社内での「チェック・検証不足」によるものとされてきた。その点からすれば、今回の誤報の原因もそうした言葉で語られ、批判されるものであった。実際、事実の一部が切り取られ、歪められ、それが肥大化し、誤報につながるというケースはこれまで数多く生じてきた。

ただし、今回の誤報の場合、「東日本大震災」によって生じた原発事故に関するものであったこと、そしてスクープの内容が福島第一原子力発電所の所長であり、五八歳の若さで亡くなった吉田元所長の証言であったことが、問題の深刻さを社会に一層強く印象づける方向へと作用した。というのも、自らの生命をかけて陣頭指揮にあたり、原発事故から日本を救った人物であるという吉田元所長についての評価やイメージは、門外漢の私にとっても妥当と思われるからであり、加えて彼が原発事故に関するもっとも重要な当事者の一人であることも間違いないからである。

8 原発事故の全体像

それでもやはり疑問なのは、「吉田調書」に関するさまざまなメディアによる一連の報道を通じて、この調書を絶対視するかのような風潮が生じてきたことである。さまざまな証言や資料を収集し、可能な限り忠実に出来事を再現しようとするのがニュースである。そうだとするならば、朝日新聞の誤報はあくまでも「吉田調書」に関するものである。

本来、私たちが知るべきは、原発事故とその対応に関する全体像である。それは「吉田調書」をも含むさまざまな資料や証言を収集することで見えてくる「現実」である。「吉田調書」がその中で大きな位置を占めるのは確かである。しかし、知られるように、この調書の証言と当時の東京電力本社と政府の当事者の証言とは異なる部分もある。

もちろん、証言が一致しないということは、出来事に関する事実の収集過程ではごく一般的に見られる。複数の証言が食い違うことは、ふつうに生じるのである。それゆえに、ジャーナリストは今後も引き続き、さまざまな資料にあたるとともに、できるだけ多くの人から証言を得て、原発事故とその対応に関する全体像を描くことを心がけるべきなのである。

こうして見ると、「吉田調書」をめぐる誤報という問題が、たんなる「誤報」ではすまないことが了解されよう。なぜなら、誤報をめぐる一連の騒動により、原発事故とその対応というジャーナリズムが本来追及すべき問題が、朝日新聞の「誤報」問題へと転化されてしまったからである。朝日誤報批判が積極的に行われることによって、原発事故とその対応に関する全体像を描くという作業が停滞してしまったからである。これが、今回の「朝日誤報問題」と「朝日批判」に関する、「冷めた」ジャーナリズム論が持つ第一の戸惑いである。

9　対立し、食い違う証言

それまで埋もれていた歴史的事実が発掘された場合、それがニュースになることはよくある。歴史家はさまざまな記録（資料・史料）と証言をもとに、歴史的な出来事を再現、あるいは再構成する。近代・現代の歴史家が行うこの種の作業は、ジャーナリズムの領域では、ノンフィクション、ルポルタージュ、ニュージャーナリズム、あるいはドキュメンタリーなどと重なることが多い。新聞ジャーナリズムの場合には、「調査報道」と呼ばれる仕事とある程度重複する。なお調査報道とは、記者たちが既存の発表情報だけに依存することなく、主体的に、かつ長期にわたり綿密な取材を行い、新たな事実の発掘を通して出来事の全体像を明らかにする報道を指す。

こうした作業においては、新たな記録や証言によって、それまで見落とされていた歴史的な重大事件が発見されることもあるし、歴史的事実それ自体が塗り替えられることもある。問題となるのは、記録と証言、あるいは複数の記録や証言の内容が食い違う時である。

第二次世界大戦時の沖縄戦における「集団自決」の問題は、その最たるものであろう。なかでも日本軍による命令、あるいは強制の存在の有無がこれまで問題視されてきた。凄惨な現場に居合わせた沖縄住民の多くは、軍の強制の存在を強く主張してきた。他方、そうした強制は公式文書に残されていないという主張、あるいは沖縄住民の中にも軍の命令を否定する証言もあった。歴史教科書の記述とも関連して、この論争は多くの関心を集めてきた。

ただし、ここで想起すべきは、沖縄の人々が米軍と同時に日本軍に対しても被害者意識を抱いてきた点である（二重の被害者意識）。こうした被害者意識は批判的な意識へと接続し、米軍基地の撤去はもちろんのこと縮小もあまり進まないことから、そのほこ先は在沖米軍のみならず米国政府や日本政府に対しても向けられてきた。それゆえに、二〇〇七年に高校教科書検定で「集団自決」の日本軍による強制の記述が削除・修正されたことに対する抗議集会（宜野湾市、同年九月二九日）に非常に多くの県民が参加することになったのである。

10 「特集・慰安婦問題を考える」の衝撃

こうした「メディアと歴史認識」、あるいはジャーナリズム論の視点からすれば、「吉田調書」の誤報問題よりも、「慰安婦問題」についての誤報と、それをめぐって生じた「朝日新聞批判」の問題の方を、我々はより深刻に受け止めるべきと考える。二〇一四年九月一一日に行われた木村社長の会見にしても、むしろこの問題の方に核心があったと思われる。というのも、慰安婦問題は沖縄の集団自決問題と同様、各メディアの歴史観や歴史認識と直結するからである。以下この問題について検討してみる。

二〇一三年一月五日、産経新聞は「主張」欄において、「安倍晋三首相が歴史問題に関する日本政府の立場について、平成七年の「村山談話」に代わる未来志向の新たな「安倍談話」を発表する方針を打ち出した」ことを高く評価し、続けて以下のような主張を展開した。

「根拠なしに慰安婦強制連行を認めた平成五年の河野洋平官房長官談話についても、第一次安倍内閣で閣議決定した政府答弁書の存在を強調している。
答弁書は『政府が発見した資料には軍や官憲によるいわゆる強制連行を直接示すような記述は見当たらなかった』という内容だ。」

この主張は、産経新聞と安倍首相の抱く歴史認識とが一体化していることを示している。そのうえで、産経新聞は「河野談話」を含む慰安婦問題に言及していったのである。一九九三年五月に発表されたこの談話は、河野洋平官房長官（当時）が、①慰安所が軍当局の要請により設営され、②慰安所の設置、管理および慰安婦の移送については、旧日本軍が直接あるいは間接にこれに関与し、③慰安婦の募集については、軍の要請を受けた業者が主としてこれにあたったが、その場合も、甘言、強圧による等、本人たちの意思に反して集められた事例が数多くあり、さらに、官憲等が直接これに加担したこともあった、という点を認めたものである。

第二次安倍政権は、この「河野談話」の検証について積極的な姿勢を見せ、それを徐々に実行に移していった。すなわち、この談話の内容が歴史的な事実にもとづくものかどうかを検証する必要性を主張していたのである。その影響もあり、「慰安婦問題」さらには日韓両国の歴史認識の差異という問題は、新聞のみならず週刊誌や月刊誌でも頻繁に取り上げられるようになった。

そうした中で、朝日新聞は二〇一四年八月五日、六日の朝刊で「特集・慰安婦問題を考える」を掲載することになったのである。この特集を組むにあたり、杉浦信行編集担当取締役（当時）は「慰安婦問題の本質、直視を」と題した一面の記事の中で以下のように述べた。

「私たちは慰安婦問題の報道を振り返り、今日と明日の紙面で特集します。読者への説明責任を果たすことが、未来に向けた新たな議論を始める一歩となると考えるからです。……慰安婦問題に光が当たり始めた九〇年代初め、研究は進んでいませんでした。私たちは元慰安婦の証言や少ない資料をもとに記事を書き続けました。そうして報じた記事の一部に、事実関係の誤りがあったことがわかりました。問題の全体像がわからない段階で起きた誤りですが、裏付け取材が不十分だった点は反省します。……こうした一部の不正確な報道が、慰安婦問題の理解を混乱させている、との指摘もあります。しかし、そのことを理由とした『慰安婦問題は捏造』という主張や『元慰安婦に謝る理由はない』といった議論には決して同意できません。」

五日の特集では、「慰安婦問題、どう伝えたか、読者の疑問に答えます」と題し、①慰安婦問題とは、②強制連行――自由を奪われた強制性があった、③「済州島で連行」証言――裏づけ得られず虚偽と判断、④軍関与を示す資料――本紙報道前に政府も存在把握、⑤挺身隊との混同――当時は研究が乏しく同一視、⑥元慰安婦初の証言――記事に事実のねじ曲げはない、という内容の記事を掲載した。また「読者の皆様へ」という解説と、「他紙の報道は」という欄も設けている。翌六日には、「日韓関係、なぜこじれたか」と題し、①河野談話、韓国政府も内容評価、②アジア助成基金に市民団体反発、③韓国憲法裁決定で再び懸案に、という記事と識者の見解を掲載している。

この特集記事に対しては、読売新聞が八月六日に「慰安婦報道、朝日、三二年後の撤回　強制連行証言は『虚偽』」、毎日新聞が同日「従軍慰安婦問題、朝日記事、国会で検証も、石破氏が言及」などと大きく報じ、各方面から強い批判が寄せられることになった。

その結果、木村社長は前掲の記者会見の中で「朝日新聞は八月五日付朝刊の特集『慰安婦問題を考える』で、韓国・済州島で慰安婦を強制連行したとする吉田清治氏（故人）の証言に基づく記事について、証言は虚偽と判断して取り消しました」と改めて謝罪するとともに、「記事を取り消しながら謝罪の言葉がなかったことで、批判を頂きました。『裏付け取材が不十分だった点は反省します』としましたが、事実に基づく報道を旨とするジャーナリズムとして、より謙虚であるべきであったと痛感しています」（朝日新聞社ホームページ）と述べるに至った。

11　朝日新聞の歴史認識に対する批判

これら一連の動きの中で、特に重要だと思われるのは、「吉田証言」とそれにもとづく朝日新聞の一連の誤報という問題が、歴史認識の問題へと展開され、批判されることになった点である。読売新聞は社説において「正しい歴史認識を持とう。疑問なのは、『強制連行の有無』が慰安婦問題の本質であるのに、朝日新聞が『自由を奪われた強制性』があったことが重要だと主張していることだ。正しい歴史認識を持つためには、あくまで真実を究明することが欠かせない」（二〇一四年八月六日）と主張した。

ここでの読売新聞の論理立ては、「吉田証言」の誤りが明示されたことで、日本政府や日本軍による強制連行は否定され、それにより慰安婦問題に関する朝日新聞の見解は覆され、その結果朝日新聞などによって主張されてきた歴史認識も誤りであることが示された、というものである。

毎日新聞は八月七日の社説において、「朝日新聞が慰安婦問題に関する過去の自社報道を検証し、一部に誤りがあったと認めた。慰安婦問題は歴史認識を巡って鋭く対立する日韓関係の最大の懸案だ。不確かで行き過ぎた報道がこの問題を冷静に議論する場を奪ってはならない」と述べた。論調はやや異なるものの、ここでも「慰安婦問題」に関する誤報が歴史認識をめぐる日韓両国の差異を増大させ、関係の悪化を招いたという見解が示されている。

他方、朝日新聞の木村社長は、慰安婦問題に加え、歴史認識に関して次のような見解を示した。それは、「戦時の女性の尊厳と人権、過去の歴史の克服と和解をテーマとする慰安婦問題を直視するためには、この問題に関する過去の朝日新聞報道の誤りを認め、そのうえでアジアの近隣諸国との相互信頼関係の構築をめざす私たちの元来の主張を展開していくべきだと考えたからです。この立場はいささかも揺らぎません」（朝日新聞社ホームページ）というものである。これは、「吉田証言」に関する一連の誤報を認め、それを取り消す一方、朝日新聞がこれまで提示してきた歴史認識が正当であることを主張するものである。

「吉田証言」をはじめ「慰安婦問題」をめぐる朝日新聞の一連の誤報、そして八月五日、六日の特集の不徹底さに対する各メディアからの批判は、私自身、妥当なものと考える。歴史認識は、個々の歴史的な事実を積み上げることで形成されるべきものだからである。

さらに朝日新聞が、この問題を批判した池上彰氏のコラムの掲載をいったん拒否したことが明るみに出て、朝日批判は一層の盛り上がりを見せるようになった。池上氏のコラムの掲載拒否という判断は厳しく批判されるべきである。しかし、ここで特に問題にしたいのは、誤報に対する批判が朝日新聞の歴史認識全般の問題へと当然のごとく拡張されてきた点である。

12　リベラル派の言論の危機

この誤報問題が生じた当時、言論NPOと東アジア研究院が共同で実施した「第二回日韓共同世論調査（二〇一四年七月）」を見ると、日韓両国の間での「解決すべき歴史問題」に関する韓国国民の回答は以下のようになった（言論NPOホームページ）。

第一位が「日本の歴史教科書問題」八一・九％（前年は七二・四％）、第二位が「日本人の従軍慰安婦に対する認識」七一・六％（同四二・〇％）、第三位が「侵略戦争に対する日本の認識」七〇・六％（同五一・一％）、第四位が「日本人の過去の歴史に対する反省や謝罪の不足」五八・七％（同三五・四％）、第五位が「日本の政治家の韓国に対する発言」五三・八％（二四・三％）という結果になった。

このデータは、韓国側にとって歴史認識問題が必ずしも「慰安婦問題」に回収されないことを示している。昨今の韓国の反日感情の一層の高まりは、慰安婦問題に関する国際世論と連関しているのは確かである。しかし、この調査結果に見られるように、歴史認識の不十分さ、さらには安倍政権の一連の政策に関する批判、特に「戦後レジームからの脱却」という理念、そして「靖国問題」に対する強い批判が、反日感情や対日批判の根底にあることは忘れてはならない。

ところが、一連の朝日新聞批判では「慰安婦問題」と歴史認識の問題が等置されているように見受けられる。「慰安婦問題」に関する朝日新聞の誤報が、韓国側の対日感情を悪化させた主たる要因であるかのような主張が展開されているのである。

このことは、朝日新聞の主張に象徴される、いわゆるリベラル派の歴史認識、あるいは世論の一方の極が、この誤報を契機に危機にさらされているといえる。この不可思議な状況、それが「冷めた」ジャーナリズム論が持つ第二の戸惑いなのである。

13 司馬遼太郎の「大きな物語」と朝日新聞批判

朝日新聞の誤報、そして歴史認識に対する批判には勢いがある。多くのメディアが朝日新聞批判へと傾斜していった。実際、有力週刊誌や月刊誌の多くは朝日新聞批判を積極的に行った。「国賊朝日新聞は廃刊すべきだ」（WiLL、二〇一四年一〇月号）、「隠蔽と誤魔化しでしかない慰安婦報道「検証」」（正論、二〇一四年一〇月号）は、その一例である。そこでは、朝日新聞の誤報が日本の「国益」を損ね、朝日新聞の「誤った」歴史認識が日本社会に悪影響を与えてきたことが繰り返し批判された。

こうしたジャーナリズムの流れに対して、それをあえて高みに立って見つめ、分析するのが「冷めた」ジャーナリズム論である。この種のまなざしは、もちろんアカデミズムに特有のものではない。ジャーナリスト、評論家、そして作家の仕事の中にも見ることができる。

最後に、司馬遼太郎の歴史観（司馬史観）、あるいは「大きな物語」に触れながら、朝日新聞社の歴史認識に対する批判について考えてみたい。

司馬遼太郎は、生まれかわったら、また新聞記者になりますかという問いに、「なると思いますなあ」と答え、どこの新聞社に入られますかという問いには、「やはり産経新聞でしょう」と答えたという（産経新聞社『新聞記者 司馬遼太郎』文春文庫）。そうした司馬の基本的な歴史認識は、「日本史はその肉体も精神も、十分に美しい」（『この国のかたち4』文春文庫）というものである。

司馬はこうした見方をとる一方で、じつに厳しい歴史認識を抱いていたことで知られている。明治時代の日本を、日本人を高く評価しつつも、「日露戦争の勝利以後、形相を一変させた」時代、すなわち一九〇五～四五年を「異胎」と呼び、「あんな時代は日本ではない」と断言するのである（同書）。司馬は、この時代を日本の歴史からあたかも葬り去ろうとしたかのようにさえ見える。

こうした「明るい明治――暗い昭和初期」という二項対立の歴史観、それを軸とした「大きな物語」、すなわち司馬史観の上に多くの作品が息づいている。司馬史観によれば、「過去の歴史に対する反省や謝罪」を行うこと、それが「自虐史観」と直接結びつくことは決してないのである。そのことを、司馬が語り続けた「大きな物語」は教えてくれる。

この「大きな物語」は、経済大国、平和国家、文化立国という国家目標を受容し、推進してきた戦後日本社会を評価する際にも十分適用できる。だからこそ、司馬は「国民作家」という名をほしいままにしてきたのであろう。

もちろん、司馬史観も無傷で来たわけではなく、さまざまな批判を浴びてきたのも事実である。そのことを十分承知しつつ、少なくとも司馬の歴史認識、そして「大きな物語」を受け容れること、それがアジアの中で、世界の中で日本の信頼度を高めるはずという言い方は十分できよう。

一九九〇年の湾岸戦争以降、日本は「国際貢献」の名の下に政治大国への道を志向するようになった。その流れは、第二次安倍政権が打ち出す諸政策によって一段と強化され、政治大国化という流れが「戦後レジームからの脱却」と結びつくようになったのである。こうした傾向が、朝日新聞批判の底流に存在していることを、ここでは再度確認しておきたい。

ジャーナリズム批判の常套句に「ジャーナリズムの不作為」というものがある。後になって見れば、報道すべき重大な問題を看過したジャーナリズムを批判する際に用いられる言葉である。私がこの一文を書く際につねに頭にあったのは、この言葉から派生した「研究者の不作為」である。「冷めた」ジャーナリズム論にしても、その手法を維持しつつも、現在進行形の問題にかかわる時機は存在するのである。

第8章　あるジャーナリストとの対話——多様な言論の必要性

二〇一四年一二月一日、慶應義塾大学三田キャンパスでジャーナリストの池上彰氏を迎えて、「対論　今、日本のジャーナリズムを考える——「朝日問題」と「朝日批判」をめぐって」を開催した。二〇一四年の夏が、日本のジャーナリズムにとって大きな分岐点になるかもしれないという私たちの危機感がこの企画を実現させたといってもよい。この問題の当事者の一人である池上氏も、私たちの気持ちに素早く対応してくださった。

対論は、基本的には私（大石）が質問し、池上氏がそれに答えるという形で進められた。以下は、この対論の一部と、それを契機に私自身が考えたジャーナリズムの現状に関するいくつかの問題点である。

（＊）本章の池上氏と大石の対論は、池上彰・大石裕・片山杜秀、駒村圭吾・山腰修三（二〇一五）『ジャーナリズムは甦るか』慶應義塾大学出版会、に収録されている。本章の以下の引用は、この本にもとづいている。

1 意味あるスクープ

最初に話題にしたのは、記者のスクープについてであった。「吉田調書」に関する朝日新聞の誤報問題が存在したことはいうまでもない（第7章、参照）。時には記事の正確さを犠牲にしてまでスクープを求める記者の心理について尋ねてみたところ、池上氏は自らの経験にもとづき、「基本的には記者はとにかく特ダネを取ることが重要な使命と考えてきました」という答えが返ってきた。ただし同時に、「よその社が知らないことではなく、視聴者あるいは読者に伝えるべきことを伝えるのが記者の本来の仕事のはず」という、もう一つの答えもあった。

もちろん、これら二つのことがつねに矛盾するわけではないが、両立しない場合も多いに違いない。ここに、ジャーナリズムという専門性の高い業界内部で働く力学、すなわちスクープを優先すべきという意識と、重要な情報を社会に知らせるべきという規範的な意識との葛藤が存在する。それは、スクープに必ずしもこだわらない、そしてニュースにもある種の娯楽性を求める多くの一般市民の意識との差にも見出すことができよう。

加えて、スクープという言葉の魔力についても考えてみたい。私はスクープにはいくつかの種類、あるいは段階があると思っている。現場の記者にとっては、こうした分類は意味を持たないかもしれない。いずれも隠れた出来事や事実を明るみに出すという作業だからである。それを承知であえて、分類してみる（第1章、参照）。

第一は、すでに多くのメディアが報道した出来事に関して、記者が新たな事実や資料を発見し、報じる場合である。第二は、出来事が社会で知られていない段階で、記者がその出来事の重要性を認め、報道する場合である。第三は、過去に生じた出来事に関して、社会の常識になっていた見方を覆すような事実を記者が発掘し、報じる場合である。

このうち第一のスクープの場合、既存のニュースの物語を踏襲し、それを増幅させるだけのスクープと、そうした物語の変更を迫るスクープに大別できる。前者をスクープと呼ぶにしても、それに高い評価を与えることは慎むべきであろう。スクープとはやはり、既存の「常識的」な見方や考え方に一石を投じる点に価値があると考えるからである。そうした観点からすると、やはりこだわりたいのは、ここでいう第二と第三のカテゴリーに入るスクープの重要性である。この種のスクープこそが、既存の支配的なものの見方や考え方、さらには歴史観さえも揺さぶる、あるいは変化させる重要な機会を提供できるからである。

2　誤報問題と原発再稼働

今回の一連の朝日新聞批判の中には、「吉田調書」に関する誤報問題と原発再稼働反対という朝日新聞の主張を結びつけるものも散見されたが、対論ではこの問題も取り上げた。新聞の主張が報道の仕方に影響を及ぼすという問題、すなわち「吉田調書」に関する朝日新聞の誤報が、原発再稼働反対という主張に関する批判と結びついたことについて尋ねてみた。

すると池上氏はまず、「その社としての編集方針があったり、原発をめぐってさまざまな問題があったりするのは事実ですから、それを一定の視点から切り取っていくという取材は当然あります」と答えた。ただし、「もしある一定の視点に立って取材し、記事にしたことが誤報につながったというのであれば、そこは断罪されなければいけません」と強い調子で述べた。「吉田調書」に関する誤報の原因が、原発再稼働反対という朝日新聞の主張と関連しているならば、それは批判されるべきというわけである。

実際、朝日新聞が行った「吉田調書」をもとにした、あるいはその関連記事が七月二一日、二三日、二四日に一面にスクープとして掲載され、その間の二二日には「大飯原発再稼働認めず」という記事がやはり一面に掲載されていたのである。しかし、もしこのスクープ記事の表現や内容が正しく、適切なものであったなら、朝日新聞は批判されるべきでなかった。本書でもたびたび述べてきたように、ある一定の価値観を有するジャーナリストが、出来事に関する評価をしながら意味づけを行う活動、それがジャーナリズム本来の仕事だからである。しかし、実際には朝日新聞が誤報と認めたこともあり、こうした考え方を適用することはできなくなった。

その一方で、この問題に関連して池上氏は、「因果関係や論理的なつながりが証明できないままに何となく原発、あるいは東京電力に批判的だから、こんな誤報をしてしまったのだろうという批判は乱暴かなと思います」とも述べた。メディア批判を行うにしても、その場合には一定の根拠が必要となるというのである。これはきわめて正当な主張である。

ジャーナリズムの重要な活動規範の一つが客観報道であるが、それを満たすための条件が「事実と意見の分離」である。記者は事実の前では謙虚であるべき、そして先入観を持って事実に向き合うべきではないというのが、この規範である。これに反すると、誤報が生じたり、偏向報道として批判されたりする。

とはいえ記者は、一般に自らのあるいは同僚の意見を参照しながら、出来事に関する事実を集め、編集し、ニュースにしている。もちろん、予期しない出来事に直面した場合、記者は参照してきた意見の修正を迫られることもある。しかし、その場合でも記者自身の、あるいは同僚の思い込みが勝ると、目の前にある事実を歪めて見てしまう。それが誤報の一因になることもある。

しかし、だからといって、メディアが出来事を歪めて報じてしまうという「過ち＝『吉田調書』に関する誤報」と、メディアが展開してきた「意見や主張＝原発再稼働反対」に関する評価を直結させて論じることは避けるべきである。前掲の池上氏の「乱暴かな」という言葉は、そうした見方を凝縮したものだといえる。

3　「吉田証言」の誤報と歴史認識

この種の問題は、慰安婦問題をめぐる「吉田証言」に関する朝日新聞の誤報、それを契機に渦巻いた朝日新聞批判にも当てはまる。この問題に関して、私からまず次のような意見を述べ、尋ねてみた。

「私の個人的見立てとしては、今回の吉田証言をめぐる朝日批判ですが、それは吉田証言に対する謝罪と訂正が遅きに失したというものです。……しかし他方において、朝日新聞の吉田証言が誤りである、だから朝日新聞に代表される歴史認識も誤りであるという強い主張がよく見られます。保守とリベラルとあえて二つに分けると、そのリベラル派の歴史認識も、朝日新聞の誤報によって極端に言うと葬り去らなければならないというわけです。」

それに対する池上氏の見解は、以下の通りである。

「朝日新聞の初期段階での報道はよくわかるんです。……勇気ある証言だと最初はみんな思ったわけですよね。だから朝日の記者はそれを書いた。……でもその後、専門家が現地に行って、調査したら、じつはどうやらそうではないんだという結果になった。その段階で、これをきちんと検証して、一連の記事は間違いでしたとしておけば済んだ話なんです。

ただし、……日本が朝鮮半島を支配していたときのさまざまな問題だったり、日本の責任を追及していたりした新聞社が、たまたまその訂正をずっとしてこなかったことがイコールで結びついて、いわゆるリベラル派の歴史認識が叩かれている部分はあるのだろうと思うんです。」

このやりとりでは、池上氏と私の見解はほぼ共通していた。とはいえ、両者の間で力点の置き方に微妙な差があったのは確かである。

池上氏は、朝日新聞が誤報を訂正した時期、そして訂正の方法に強い懸念を示した。この見解は、「新聞ななめ読み『慰安婦報道検証訂正、遅きに失したのでは』」（二〇一四年九月四日）以来、一貫している。もちろん、朝日新聞批判が朝日新聞の歴史認識批判へと直結していることに関しては強い警戒心を抱いている。

それでもやはり、「過ちがあったなら、訂正するのは当然。でも、遅きに失したのではないか。過ちがあれば、率直に認めること。でも、潔くないのではないか。過ちを訂正するなら、謝罪もするべきではないか」（同）という主張や語調に見られるように、（このコラムの掲載が拒否されたという事情を割り引いたとしても）朝日新聞の姿勢に対する厳しい姿勢は崩していなかった。一人のジャーナリストとしての池上氏の基本的な構えがここに見てとれる。

池上氏のこうした主張は、日本社会ではほぼ共有されていたといえる。実際、当時実施された世論調査結果を見ると、そのことがうかがえる。以下、産経新聞が実施した世論調査結果を掲げておく（二〇一四年八月一二日）。

・「日韓関係をめぐっては、朝日新聞が、慰安婦をめぐる自社の過去の報道を検証する記事を掲載し、「慰安婦を強制連行した」とする日本人男性の証言に基づく記事について「証言は虚偽だと判断した」として記事を取り消した。朝日新聞の検証はこれで十分だと思うか」

→「思う」一一・九％、「思わない」七〇・七％、「その他」一七・四％。

・「朝日新聞が、慰安婦問題をめぐる報道で「慰安婦を強制連行した」との証言を取り下げた。報道から三二年後の取り消しをどう思うか」

→「早い」一・二％、「遅い」四六・八％、「時期は関係ない」四四・四％、「その他、わからない」七・六％。

・「朝日新聞のこれまでの慰安婦報道が日韓関係を悪化させたか」

→「悪化させたと思う」六一・六％、「悪化させたと思わない」三二・二％、「その他、わからない」六・二%。

この種の問題に関しては、読売新聞も世論調査を実施している。その質問と調査結果は以下の通りである（二〇一四年九月五日）。

・「朝日新聞は、いわゆる従軍慰安婦問題について、慰安婦にするために女性を強制連行したとの証言を紹介した過去の記事を取り消しました。また、慰安婦と「女子挺身（ていしん）隊」とを混同していたと誤りを認めました。朝日新聞の過去の記事は、国際社会における日本の評価に、悪い影響を与えたと思いますか、そうは思いませんか」

→「悪い影響を与えた」七一%、「そうは思わない」一六%、「答えない」一三%。

産経新聞が日ごろから朝日新聞の論調に対して概して批判的であること、そして読売新聞は憲法観などでは朝日新聞と厳しく対立する主張を行ってきたのは周知の通りである。その両紙がこうした世論調査を行うこと自体、世論調査とはマスメディアが自ら作り出した「出来事」という見方を裏づけるものだといえる（第1章、参照）。

しかし、歴史認識に関する両紙の主張、そしてマスメディアが実施する世論調査のそうした機能や影響力を考慮してもなお、上掲の世論調査結果は当時の一般市民の意見分布を適切に示したものととらえられる。池上氏の見解もこうした世論と重なるものだといえる。

4 事実の「編集」と「歪曲」

他方、ジャーナリズムを論じながらも、同時にメディアと政治、あるいは歴史認識の問題により強い関心を持つ私の見方は池上氏とはやや異なる。メディアやジャーナリズムを研究しながらも、それを通じて社会や歴史を見るというスタンスを私がとり続けてきたからである。私が強調したいのは、歴史認識を中核の問題ととらえ、誤報と歴史認識を結びつける朝日新聞批判については、それをリベラル派の世論に対する脅威ととらえる点にある。

池上氏もそうした問題を強く意識しているが、私はこの種の問題を前面に掲げたいのである。それは、経済大国を軸にしながらも、同時に平和国家、文化国家を（それはまだまだ不十分なのは承知のうえで）目指してきた国の姿を維持していきたいという思いが私の中に強く存在するからである。

歴史認識に関しては、「教科書問題」（侵略か、進出か）、「首相の靖国参拝問題」（賛成か、反対か）、さらには沖縄戦の「集団自決」問題（日本軍の強制はあったか、なかったか）などをめぐって、日本社会の言論空間は二分されてきた。

その分かれ目が、「護憲」（リベラル派）と「改憲」（保守派）の勢力とほぼ重複してきた。この状況は、長らく日本社会では当然視されてきた。民主主義が機能し、言論の自由が保障されている社会では、こうした対立する言論状況はごくふつうに見られ、それが社会の健全さを示す重要な指標となるからである。ところが、歴史認識に関する言論の二分化という状況、いうまでもなく保守派の見解に対しては、中国や韓国を中心に強い批判が存在する。そして、アメリカまでもが二〇一三年一二月の安倍首相の靖国参拝に対して強い懸念を示したのは周知の通りである。

こうした日本国内の言論状況に対する評価と、海外の反応との大きな差に関して、次のように尋ねてみた。

「日本社会の中で見れば、（リベラルと保守という）こうした言論や世論の対立状況はきわめて当然、あるいは健全という評価になりますが、それが（戦争で）被害を受けた側、朝鮮半島や中国、あるいはアジアの一部もそうかもしれませんが、そうした評価はなかなかしてくれません。……そうしたずれをわれわれはどう考えたらいいのでしょうか。」

池上氏からは、この問いに関する直接的な回答は得られなかった。私自身、この問題については、より突っ込んだ議論ができなかったという思いは残っている。付言するならば、今回の朝日新聞の誤報、それに対する厳しい批判、さらにはこの問題から派生した歴史認識に関する関心の高まりとメディアの報道や論調との関連については、以下に示す見方も存在している。

「日本のメディアに対しては、以前より明らかに不信感が高まっています。……自分の思う方向に都合のよい事実をつまみ食いして、都合の悪い事実には触れない、さらには事実を歪曲して自分の『ストーリー』に沿って誌面、紙面、番組をつくるやり方が、マスメディアの信頼感を傷つけている。」（大沼保昭・江川紹子『「歴史認識」とは何か』中公新書）

この批判は、保守系のメディア（読売新聞など）だけではなく、むろんリベラル派のメディア（朝日新聞など）にも向けられたものである。本書ではこれまで、「主観的客観報道」（第7章、参照）という言葉で示したように、メディアが自らの価値観や意見にしたがって、事実を「編集」することについては当然のことと考え、それを批判することには慎重であるべきという主張を展開してきた。しかし、ここでの指摘にあるように、すこぶる意図的な事実の「つまみ食い」や「歪曲」は「編集」の域をこえるものであり、ジャーナリズム全体に対する不信感を招くことになるのである。

5 メディアのフォーラム機能の強化

池上氏をお呼びしたからには、やはり「新聞ななめ読み」の掲載拒否の問題に触れないわけにはいかない。私はこの問題について、メディアのフォーラム機能という視点から、すなわち自らの意見や見解とは異なるものを掲載することの意義と限界という問題を中心に尋ねてみた。すると池上氏は、『ななめ読み』は最初から、朝日新聞の記事もほかの新聞社の記事も、何でも私の視点で自由に斬ってくださいい、論じてくださいという話があったので、まさにおっしゃるように、フォーラム機能を作ろうとしているんだと認識していました」と述べ、この欄の意義について高く評価した。それだけに掲載を拒否したこと、それは朝日新聞が自らフォーラム機能を放棄したことにほかならないといえよう。

朝日新聞は、それまで、そして現在も、たとえばオピニオン面においてある問題や争点に関して対立する意見を掲載している。このことは、自社とは異なる意見に関しても寛容であるべきという、フォーラム機能の理念を実践しようとしてきたことを示している。池上氏のコラムの掲載拒否という判断は、そうした姿勢を支持してきた読者を裏切るものであった。

失った読者の支持や信頼を回復し、さらには適切なフォーラム機能を備える言論機関としてアピールするためにはどうすべきか。朝日新聞は、オピニオン面の一層の充実をはかり、自社とは異なる意見を積極的に掲載するとともに、他メディアの報道、解説、論評を取り上げ、それらに関して独自の視点から評価するという姿勢を打ち出すべきだと考える。

その対象は、新聞などの活字メディアに限ることなく、放送やネットも含めるべきである。従来の発想をこえたメディア、あるいはジャーナリズムを目指し、日々の紙面でそれを実践することが必要である。この問題に関連して、私は集団的自衛権を事例に次のような意見を述べてみた。

「日米関係重視、東アジアの緊張の高まりということからいえば集団的自衛権が必要だという議論は当然出てきます。

でも、他方において、これが第二次安倍政権の下で進められているということも当然考慮しなくてはいけない。要するに、戦後レジームに対して批判的な考え方の延長線上で集団的自衛権が論じられている。同じ集団的自衛権の問題でも、どの枠組みでとらえるかによって、差が出てきてしまうことになります。」

私は、歴史認識と集団的自衛権の問題を結びつけて、こう述べてみた。池上氏からは、新聞報道にしぼった形で次のような回答があった。

「集団的自衛権について当然認めるべきだ、閣議決定で解釈を変更するのは当然と言っている新聞社には、賛成論はたくさん出るのですが、反対論が掲載されることは非常に少ない。一方で集団的自衛権反対と報じていた新聞社の中には賛成論を載せていたものもありますが、それも非常に少なかった。」

社会心理学、あるいは説得心理学の分野では、「両面提示」と「一面提示」というモデルがある。相手を説得する際、対立する二つの意見を並べた手法、「両面提示」と、一つの意見だけを提示する手法、「一面提示」と、どちらが説得するのに有効かという問題を扱うモデルである。

このモデルの用語を借りるならば、ジャーナリズムにしても両面提示を行いながら自説を展開していく方が説得力を持つようになるのではないか。多メディア、多チャンネル時代においては、その傾向は一段と強まっているはずである。新聞読者はじつに多くのメディアに接し、そこから情報を入手しているからである。

異論を掲載しつつ、すなわちフォーラムの場を積極的に提供しながら、言論機能を果たしていく方が一般市民からの信頼や支持は得やすいのに違いない。その点からしても、池上氏のコラムの掲載拒否という朝日新聞の判断は誤りであった。

6　歴史が審判を下す「国益」

ジャーナリズム論の重要な課題の一つである、ジャーナリズムと国益、ジャーナリズムの国籍、という問題についても話し合った。ジャーナリズム論においては、「国益」ではなく国民の利益を第一に考えるべきとか（国民益）、あるいは一国の利益にとらわれることなく地球全体の平和や安全という観点に立って報道すべき（地球益）、という主張が存在する。この種の主張は理念上は存在するかもしれないが、これらの言葉のとらえ方はじつに多様であるし、具体的な問題の解決にあたってこの概念を適用するのは非常に難しいのは明らかである。

多くのジャーナリストやジャーナリズムが国家を基盤に、そして国家社会を対象に活動している以上、ジャーナリズムの国籍、ジャーナリズムと国益という問題はつねにつきまとうことになる。池上氏は、国益という言葉がメディアで頻発する状況に関して、「安易に国益を失わせたとか、国益を守れという言い方は危ないのではないかなという気がしています」と述べた。この発言を受けて、私から以下のような問いかけをしてみた。

「Aという選択肢を取るのも国益だと思う主張があっていいし、Bを選択するのも国益だという主張があってもいい。それぞれの、特に言論空間、あるいはメディア、世論、政治家たち、官僚たちは、そういう複数の国益観をお互いに認め合うべきであると。けれども現実には、とくに政治の場ですとどこかの時点で決定を下さなくてはならず、その際には国益という言葉がレトリックとして使われる可能性が高まってきますね。」

これに対し池上氏は、次のようなきわめて明快かつ的確な見解を示した。

「結局は、国益とは何だったのか、あるいは国益に反したかどうかという報道は、歴史が判断するしかない。ずいぶん経ってみてから初めて、歴史の審判が下る。そういう歴史観、問題意識を持って、取材報道に当たるべきだろうと思います。」

記者が日々の取材に追われる実態は十分承知しているが、最初に歴史をデッサンするのがジャーナリストの役割とするならば、やはりこうした歴史観や問題意識を持つことが強く要請されるのである。

ジャーナリズム、あるいはジャーナリストの国籍という問題に関しては、池上氏は国籍は「ありますね」と述べながらも、「メディアには国籍がありますが、少しでも客観的に伝えようとする努力は必要なのではないか。（メディアが）『我が軍』といった瞬間に、明らかに敵味方に分かれてしまう。」この意見も非常に説得力があると感じた。ジャーナリストに国籍があるのは当然ではあるが、同時に国内の支配的世論を相対化する力量と姿勢が記者には求められるのである。

7　政党と言論空間の配置

池上氏との対論は、九〇分という短い時間ではあったがきわめて有意義なものであった。もちろん、論ずべき課題はまだ数多く残されてはいたが、いくつかのトピックに関してはかなり突っ込んだ話し合いができたと思っている。

最後に、誤報を契機に朝日新聞批判が高まった背景について再度述べ、この対論の補足をしておきたい。やはり重視すべきは、現在の日本の政党の配置図だと思われる。冷戦終了以降、「革新」勢力が後退し、かつては自民党内でも一大勢力を誇っていた「リベラル」派は、いずれの政党においても結集できないままでいる。

その一方で、「戦後政治の総決算」(中曽根康弘元首相)、「戦後レジームからの脱却」(安倍晋三首相)といった「伝統的、あるいは復古的なナショナリズム」を志向する見解が一段と声高に主張されるようになった。

リベラル派が組織化されない、結集できないという状況の中で、その種の言論空間を維持してきたのが朝日新聞を中心としたジャーナリズムであるという言い方は十分できよう。それゆえに、朝日新聞に対しては誤報のみならず歴史認識の問題も含め一段と強い批判が繰り広げられるようになったのである。

高度情報社会の中で、新聞の重要性や影響力が低下してきたことは否めない。新聞はもはや「紙媒体」とはいえないのが現況である。しかし、それでもなお新聞を中心としたジャーナリズムの重要性を否定する人はそれほど多くない。それは、本書でもたびたび言及してきた「保守派対リベラル派」という構図が新聞を中心に成立していることから見ても明らかである。

池上氏は対論の中で、ジャーナリストはエリートではないと再三主張していた。情報社会とは、情報を扱う人間がより特権的になる社会である。しかし、ジャーナリストは情報を扱いながらも人間と社会に直接向き合うことが仕事である。そこからわき上がる、怒り、悲しみ、喜びといった感情をコントロールしながら、出来事に関する事実を丹念に集め、さまざまな考え方を参照しながら、人間や社会をくっきりと描き出すのがジャーナリストの仕事なのである。

池上氏との対論はそのことの重要性も再確認させてくれた。

第9章　言論の自由と言論の質——朴槿恵大統領の風聞記事

1　大統領をめぐる風聞

二〇一四年七月一八日の朝鮮日報に、崔普植《チェ・ボシク》記者が書いた「大統領をめぐる風聞」というコラムが掲載された。それから約二週間後の八月三日、「ＭＳＮ産経ニュース（ウェブ版）」に「【追跡～ソウル発】朴槿恵《パク・クネ》大統領が旅客船沈没当日、行方不明に……誰と会っていた？」と題した、加藤達也産経新聞ソウル支局長（当時）の記事が掲載された。

その内容は、主に崔普植記者の記事を引用しながら、韓国の旅客船セウォル号が沈没した四月一六日当日の朴槿恵大統領の動向の噂に関するものであった。それは、「真偽不明のウワサ」と断りは入れながらも、事故当日、朴槿恵大統領がある男性と密会しており、それゆえこの重大事に大統領との連絡が困難になったというものであった。産経新聞のこの記事に対し、韓国政府のみならず韓国のメディアや世論は強く反発した。韓国政府が示した見解は、次のように報じられている。

「韓国大統領府の広報首席秘書官は七日、産経新聞に対し、民事、刑事上の責任を問う考えを表明。『うそを書いて読者を増やせるのかわからないが、厳しく、強力に対処していくことが重要だ』と述べた。大統領府関係者も八日、所在不明とされた時間帯、朴氏が大統領府の敷地内にいたとして、記事に反論した。」（朝日新聞、二〇一四年八月九日、夕刊）

この出来事の当事者になった産経新聞は、「韓国検察が本紙ソウル支局長に出頭要請、ウェブ記事「大統領の名誉棄損」」と題した次のような記事を一面に掲載した。

「……ウェブサイトへの掲載後、産経新聞には、韓国大統領府からソウル支局に抗議があったほか、在日本韓国大使館から東京本社に『名誉毀損などにあたる』として記事削除の要請があった。産経新聞は記事の削除には応じなかった。小林毅・産経新聞東京編集局長《ママ》『問題とされた記事は韓国国会でのやりとりや朝鮮日報コラムの紹介が中心であり、この記事を理由に名誉毀損容疑で出頭を求められるというのは理解に苦しむ。』」（産経新聞、二〇一四年八月九日）

韓国大統領府は産経新聞ソウル支局に強く抗議した。それを受ける形で、ソウル地検は加藤記者に出頭を求めるとともに、出国禁止処分としたほか、一〇月八日には「情報通信網法違反」の罪で在宅起訴という処置をとった（この措置は二〇一五年四月一四日に解除された）。ちなみに、この法律は、「人を誹謗する目的で情報通信網を通じ、公然と偽りの事実により、他人の名誉を傷つけた者は七年以下の懲役、一〇年以下の資格停止または五〇〇〇万ウォン（約五〇〇万円）以下の罰金に処する」というものである。

そして、ソウル中央地裁で九回の公判が行われた後、二〇一五年一〇月一九日に論告求刑公判が開かれ、このコラムが朴大統領らを誹謗する目的で書かれたとの理由で、加藤記者は懲役一年六ヶ月を求刑された。

2　反発する日本の政府、メディア、世論

この事件の発生当初、日本の政府、メディア、世論のみならず、海外のいくつかのメディアも批判や反発の度合いを強めていった。日本政府は、岸田文雄外務大臣が韓国政府の対応に関して、「日韓両国の関係に影響が出るのではないか、報道の自由との関係で心配している。注視してい

る」（産経新聞、二〇一四年八月一〇日）ことを韓国の外務大臣に伝えた。また、在宅起訴の処分が下った際には、菅義偉官房長官は、記者会見で次のように述べた。

「報道の自由や日韓関係の観点から韓国側に懸念を伝え、慎重な対応を強く求めてきた。また、国内外の報道機関や関係団体などから、報道の自由への侵害を懸念する声が上がっていたと承知している。そうした声明、動きを無視する形で前支局長が起訴されたことは、報道の自由、日韓関係の観点から極めて遺憾だ。」（産経新聞、二〇一四年一〇月一〇日）

こうした批判は、日本国内ではほぼ合意を得ていた。朝日新聞も「起訴強行、内外から懸念『報道の自由脅かす』韓国、産経記事巡り」と題した記事で、「日本新聞協会や日本ペンクラブは、相次いで懸念や憂慮を表明。国際ＮＧＯ『国境なき記者団』（本部・パリ）も起訴しないよう求める見解を発表した」（二〇一四年一〇月九日）と報じている。

この問題に関する日本側の主張は、以下のように要約できる。第一は、大統領は最高の「公人」であり、さまざまな批判や風聞の対象になるのは当然であるから、名誉毀損の罪を適用するのは不適切である。それに関連して第二は、民主主義社会におけるメディアのもっとも重要な役割は権力監視機能であり、それゆえこうした処置は民主主義の精神に反する。第三は、上述したように、産経新聞のこの記事は、朝鮮日報の記事に大きく依存したものであるから、加藤記者だけを処罰の対象とし、崔普植記者をしないのは合理性に欠く。第四は、この記事は日本の報道機関が日本の読者に向けたものであり、それを韓国が国内法で処罰することには無理がある。

産経新聞は事件の当事者ということもあり、当然のことながらさまざまな機会をとらえて、韓国側の処置に対して、繰り返し強い批判を行っていた。たとえば、他紙の社説にあたる「主張」欄では、「韓国の国内法をもとに外国の報道について捜査し、国際社会の懸念の声を無視する形で〝強権発動〟に踏み切った極めて異例の事態だ。民主国家を自任する韓国ではあるが、言論の自由が脅かされている」（二〇一四年一〇月九日）と強い調子で述べ、批判している。

産経新聞はまた、この問題に関する世論調査をＦＮＮ（フジニュースネットワーク）と共同で実施し、紙面で公表した（二〇一四年一〇月二一日）。質問は「韓国のソウル中央地検は、朴槿恵大統領の名誉を傷つけたとして、産経新聞の前ソウル支局長を在宅起訴した。報道をめぐって外国メディアの記者を起訴するのは極めて異例だ。韓国の対応に納得できるか」というものであった。

これに対する回答は、「納得できる」四・九％、「納得できない」八八・五％、「その他」六・六％、という結果になった。調査の実施主体が産経新聞ということを差し引いても、日本の世論がこの起訴に関してきわめて厳しい姿勢を示していることがわかる。

から知ることができる。

この問題が深刻化した理由はいくつか考えられる。その一つは、先に引用した朝日新聞の記事から知ることができる。

「日本での取材経験がある韓国人記者は、韓国の大統領の位置づけを『国家元首であり、日本における首相よりも大きな権力があると受け止められている』といい、『その権威を傷つける私生活の疑惑を報じた産経側に問題がある』とする。」（二〇一四年一〇月九日）

韓国大統領に対する日韓両国の認識の差が、今回の問題を大きくさせた重要な要因だというのである。検察や裁判所が、外交関係や世論の影響を受けるべきではないという主張は十分正しい。しかし現実には、検察や裁判所も「政治」に影響を及ぼすことのできる、有力な「政治エリート」の組織である以上、そうした外的な環境とは無縁ということは通常はありえない。

それに加えて、この事件が生じた二〇一四年当時、日韓関係は冷え切っており、きわめて険悪であったことも忘れてはならない。日韓関係は、国交正常化（一九六五年）以降「最悪」と評されていた。歴史認識問題などをめぐって日韓政府が対立し、日韓首脳会談が長期にわたって行われていなかった。その影響もあり、韓国国民の日本に対する印象も決して良いものではなかった。ちなみに「言論ＮＰＯ」が実施した「日韓共同世論調査」（二〇一四年七月）は、以下のような調査結果を伝えている。

・韓国国民の日本に対する印象。
「良い印象」（良い＋どちらかと言えば良い）一七・五％。
「悪い印象」（悪い＋どちらかと言えば悪い）七〇・九％。
・日本国民の韓国に対する印象。
「良い印象」（良い＋どちらかと言えば良い）二〇・五％。
「悪い印象」（悪い＋どちらかと言えば悪い）五四・四％。

第７章でも紹介したように、この調査では、「歴史問題に関する日韓両国民の認識」に関して「日韓の歴史問題で解決すべき問題」は何かという質問も行われている。韓国側の回答結果は、「日本の歴史教科書問題」八一・九％、「日本人の従軍慰安婦に対する認識」七一・六％、「侵略戦争に対する日本の認識」七〇・六％が上位を占めていた。他方、日本側の回答の上位は「韓国の反日教育や教科書の内容」五六・一％、「日本との歴史問題に対する韓国の過剰な反応」五四・四%、「韓国の政治家の日本に対する発言」三四・六%、となっていた。この種の問題に関する両国民の認識の差は、じつに大きなものがあった。

なお、韓国内の世論を見る場合、安倍首相が二〇一三年一二月に「靖国参拝」を強行し、また「河野談話」の検証を通じた「慰安婦問題」の見直しに熱心な姿勢を示していること、それをもっとも強く後押ししてきたマスメディアが産経新聞であるという事情を勘案する必要もあるだろう。韓国検察当局の厳しい処置の背景には、こうした要因が存在したと思われる。

4 朝鮮日報の記事の真意

韓国側の今回の処置は、批判するに十分値するものである。日本側がこれに強く反発したのも当然である。以下に示す加藤記者の主張、あるいは疑義は妥当であるし、十分に説得力があると考える。

「私が書いたコラムが有罪になるのだとすれば、世界中にあふれる韓国や韓国大統領に関する報道で気に入らないことを報じれば、国家指導者が任意に起訴し、有罪になってしまうのではないか、という疑義です。」(加藤達也『なぜ私は韓国に勝てたか』産経新聞出版社)

しかし、ここで注目したいのは、加藤前ソウル支局長のコラムの内容のみならず、その質についてである。崔普植記者のコラムを読むと、この記事の狙いが必ずしも大統領の秘密の暴露にあるわけではないことがうかがえる。「語るのも恥ずかしい噂が、なぜ公に語られるようになったのか」という問いが提示されてはいるものの、朴槿恵政権に対する支持率の低さ、そして厳しい政権批判がこのコラムの中心に位置している。そうした崔普植記者の主張は、以下の点に典型的に示されている。

「……世間の人々は真実かどうかを抜きにして、このような状況を大統領と関連付けて考えた。以前なら、大統領を支持する勢力は烈火のごとく怒っただろう。支持者ではない人たちも『言及する価値すらない』と思ったに違いない。ところが今は、そのような常識が崩壊し、理性的な判断ができなくなっているようだ。

国政運営で高い支持率を維持していれば、うわさが流れることもないだろう。大統領個人に対する信頼が失われたことで、あらゆるうわさが流れているのだ。それは身体の免疫力が落ちたとき、鳴りを潜めていた病原菌が活発になるのと似ている。

……『国家の大改革』を成し遂げることを第二次内閣のテーマに掲げたものの、街頭で誰に聞いてみても、それが可能だと考えている人はいない。そんな状況を目の当たりにすると、韓国の将来に対する期待を持つのは難しい。国家の大改革を目指すのなら、大統領本人や周囲の人々の大改革を実行するのが先決だ。」（朝鮮日報、二〇一四年七月一八日：日本語版オンライン）

このコラムは、朴槿恵大統領の危機管理能力、行政手腕に疑問を強く投げかけ、最後には人材登用の面での問題に言及している。崔普植記者のコラムでは、大統領の噂に関する部分はこうした批判を導くための「手段」なのであり、必ずしもその真偽を問うものではない。ましてや、この噂をきっかけに大統領スキャンダルを韓国内外に拡散しようとする意図が存在するとは読み取れない。

5　記事の質と「記者指針」

加藤記者の記事は、終わりの部分で崔普植記者によるこの「下品な」噂が取り沙汰された背景の分析を引用し、「朴政権のレームダック（死に体）化は、着実に進んでいるようだ」という一文で締めくくられている。また加藤記者自身、「大統領という存在は公人の中でも最も公益性が高い」、「セウォル号事故は、その犠牲者だけでなく、事故後の政府の対応も含め世界中の注目を集めた重大な事案」であることを根拠に、刑事責任を追及することは誤りであると主張している（加藤、前掲書）。

ただし、加藤記者のこの記事の焦点は、「風聞」で扱われた大統領の秘密に当てられていると読むことができる。この記事は朝鮮日報の記事に大きく依存したものであるから、加藤記者だけを処罰の対象とし、崔普植記者を処罰しないのは合理性に欠くという検察批判を先に掲げたが、じつはこの点こそが当記事の「質」に対する疑問へと通じることになる。

加藤記者のこの記事を読むかぎり、「風聞」が扱った「事実」、すなわち朴大統領の行動については独自取材を行った様子はうかがえない。大統領の秘密の部分に関しては崔記者の記事をほとんどそのまま引用し、若干の補足説明をしただけで記事に仕立て上げている。この記事は、いわば「伝聞記事」なのである。この点について加藤記者は、「取材のやり方が悪い、不十分だ、低俗だなどといって記事の質を批判する向きもあります。しかし記事に嘘はありません。質が低いからといって、では刑事罰を科すのが妥当なのかといえばそれは絶対にちがいます」（加藤、前掲書）と述べている。

加藤記者に刑事罰を科すことは、確かに妥当ではない。しかし、やはり加藤記者の「取材のやり方」、そして「記事の質」は問題にすべきであろう。実際、加藤記者は「（取材が）不十分」、

「低俗」といった言葉を用いて、自らの記事のレベルを自己採点している。ちなみに産経新聞の「記者指針」には「正確と公正」が掲げられており、そこには以下の一文がある。

「事実に基づかない記事や裏付けを欠く記事は、いかに客観性を装っても露見するものであり、それは産経新聞社にとって読者の信頼を損ねる自殺的行為となる。見出しについても同様である。」

加藤記者のこの記事は、まさにこの「裏付けを欠く記事」に当たるといえる。大統領に関する「風聞」が存在したのは確かだとしても、しかし「風聞」が扱った「事実」に関しては不明のままである。重大事における大統領の動静をめぐるスキャンダルを扱うならば、やはり自ら取材し、「事実」を収集し、「裏付け」が取れた段階で記事にすべきだった。

日本新聞協会編集委員会は、二〇一四年一〇月九日に「(ソウル)地検の起訴強行は極めて遺憾であり、強く抗議するとともに、自由な取材・報道活動が脅かされることを深く憂慮する」という声明を出した。こうした声明を出す意義と必要性を認めつつも、同時に加藤記者のこの記事の内容と質それ自体に関しても検証し、検討する必要がある。

その後、二〇一五年一二月一七日、加藤記者に対してソウル中央地裁で無罪判決が下った。判決の内容は、以下のように要約されている。

「大統領としての朴氏について、『うわさを報道されることがあっても言論の自由は幅広く認められなければならない』とし、名誉毀損《きそん》罪は成立しないとした。一方で、私人としての朴氏の名誉は傷つけたと認めた。ただ、記事が『韓国の政治、社会状況を伝えようとしていた』として、名誉を傷つける意図はなかったと認定した。」（朝日新聞、二〇一五年一二月一八日）

同年一二月二二日、韓国の検察庁は控訴を断念し、無罪は確定した。こうした韓国の判決と処置に関して、日本のメディアと世論はおおむね高く評価した。この判決を受けて、産経新聞の熊坂隆光社長は、「産経新聞のウェブサイトに掲載された加藤前支局長の当該コラムに大統領を誹謗中傷する意図は毛頭なく、セウォル号沈没という国家的災難時の国家元首の行動をめぐる報道・論評は公益にかなうものである」（産経新聞、二〇一五年一二月一八日）と述べた。

ただし、留意すべきは産経新聞を除く日本の主要紙の社説（一二月一八日）が、加藤記者の記事について疑問を投げかける一文を掲載したことである。

・判決は記事が取り上げた「うわさ」について、虚偽であることを前支局長は認識していたと認定した。産経側も裁判の途中からそれに異を唱えなかった。報道機関としての責任をまっとうしたとは言えまい。（朝日新聞）

・前支局長が風評を安易に記事にした点は批判を免れない。（読売新聞）

・事実確認を怠り風評を安易に書いたことは批判されても仕方がない。「うわさ」と断りさえすれば何を書いてもいいわけではない。（毎日新聞）

こうした批判に対し、産経新聞は「【新聞に喝！】「無罪判決」報道に異議あり」（門田隆将）というノンフィクション作家のコラムを掲載し、反論を行った。その根拠は、前掲の産経新聞の社長の言葉、「国家的災難時の国家元首の行動をめぐる報道・論評は公益にかなう」と同じであった。

6　日韓関係と無罪判決

ここでやはり触れておきたいのは、この無罪判決が下ったのが、「日韓首脳会談」と「日韓外相会談」に挟まれた、二〇一五年一二月一七日であった点である。

日韓首脳会談は開催されないまま、両国の冷え切った関係は続いていたが、そうした中、二〇一五年一一月一日、ソウルで「日中韓首脳会談」が行われ、翌二日には「日韓首脳会談」がようやく実現した。この会談は、「『慰安婦』交渉加速で一致　日韓首脳、三年半ぶり会談」（朝日新聞、二〇一五年一一月二日、夕刊）と報じられているように、「慰安婦問題」が主な争点となっていた。産経新聞は慰安婦問題に言及しながらも、「安倍首相は、朴氏への名誉毀損《きそん》罪で産経新聞の加藤達也前ソウル支局長が韓国検察当局に懲役一年六ヶ月を求刑された問題についても言及」（産経新聞、二〇一五年一一月三日）と報じている。

その後、二〇一五年一二月二八日、日韓外相会談が急きょ行われた。この会談について朝日新聞は、「慰安婦問題、日韓合意　政府の責任認定・首相おわび　韓国が財団、日本から一〇億円」（二〇一五年一二月二九日）という見出しで、一面トップで報じた。この会談と合意の内容については、いくつかの批判は見られたものの、少なくとも日本では歓迎する声が強かった。

首脳会談の実現と「慰安婦問題」に関して合意が成立した背景には、韓国経済の不況、あるいは中国の海洋進出といった問題が存在していたのは疑いない。ただ同時に、以下の記事にあるように、加藤記者に対する無罪判決がその動きを後押ししたという見方もできる。

「日韓関係のとげになっていた裁判の結果が、日本の期待に沿う内容になったことで、さらに事態が動いた。朴大統領の名誉を傷つけた罪に問われていた産経新聞前ソウル支局長の無罪判決が出ると、首相側は『関係改善のシグナル』と受け止めた。」（朝日新聞、二〇一五年一二月一九日、時時刻刻「国交五〇年、歴史的決断　慰安婦問題、日韓合意」）

その是非はともかく、日韓関係の改善が加藤記者の無罪判決に影響を及ぼしたと考えられる。言うまでもなく、民主主義社会にとって、言論・表現の自由は必要不可欠の要因である。しかし同時に、ジャーナリズムはその影響力の大きさのゆえに、政治に巻き込まれることになる宿命を背負っている。ジャーナリストは、そのことを意識し続け、政治の動きにも耐えられる、言論の質を確保しておく必要がある。この出来事は、私たちにそのことを再認識させたのである。

第10章 新聞ジャーナリズムはどのように変わるべきか

1 記事が読者に届かない

「自分の書いた記事が読者に届いていない。」多くの新聞記者がこう嘆く。この言葉は、かつては読者からの反応が乏しい、共感が得られないという意味で用いられていたようだが、今はそうではない。記事それ自体、読まれていないのである。特に若者の大部分は、新聞だけではなくテレビのニュースも見ることなく、ネット情報だけに依存している。驚くことに、マスメディアを志望する多くの学生もその例外ではない。メディア関連のゼミの学生にとっても、新聞は研究資料であり、書籍と同様「構えて」読むものになってしまった。これが現実である。

そのことを嘆こうとも、批判しようとも、この現実をふまえながら、ジャーナリズム教育、ジャーナリストの育成について考えなければならない。これが今、ジャーナリズムが直面している大きな課題である。新聞を読むことが、日常の行為ではなくなったのである。だからといって、新聞やテレビが伝える情報が、社会で影響力を持たなくなったわけではない。影響力があるからこそ、一部の政治家や「有識者」はメディアをコントロールすべきと発言するのである。

2 オルタナティブ・メディアへの期待？

二〇世紀はマスメディアの時代であった。ただし、マスメディアの受け手としてのマス（＝大衆）は、たとえばパブリック（＝公衆・市民）と対比される時、つねに批判され、警戒される存在であった。マスメディアに操作されやすく、理性ではなく感情によって判断し、行動するのが大衆と見なされたからである。そうした大衆によって構成される大衆社会の欠点をどう克服するか、それが二〇世紀の民主主義の一つの重要な課題であった。

有力な回答は、いうまでもなく教育の重要性を説くことであった。情報に注意深く接し、それを批判的に読み解く力を人々は備えるべきという「メディア・リテラシー」論が注目されるようになった。メディア・リテラシーを身につけた人たちは、次には自ら情報の送り手となり、積極的に情報を発信すべきという主張も広く受容されるようになった。それに関連して、マスメディアを補完し、あるいはそれに対抗するメディア、すなわちオルタナティブ・メディアの必要性も声高に主張されるようになった。

一九八〇年代半ばから巻き起こった「ニューメディア・ブーム」、そして高度情報社会論は、マスメディアを中心に展開されてきた従来の民主主義とは異なる、もう一つの民主主義の可能性を示そうとしていた。ニューメディアの開発と普及が、マスメディアに簡単に操作されない「市民」の誕生を期待させたからである。その後、パソコンやインターネットが急速に職場や家庭に浸透し、携帯電話やスマートフォンが必需品となった。オルタナティブ・メディアの活用は容易になり、だれもが情報の送り手になりうる時代が到来した。実際、通勤電車の中では新聞や週刊誌を読む人は激減し、スマートフォンを見つめる風景が定着した。こうして、特に「デジタル・ネイティブ」と呼ばれる若者たちの間でのマスメディア離れが進んできたのである。

情報社会論の見解にしたがうならば、新聞・テレビニュース離れは歓迎すべき現象ということになる。しかし、何かが違う。この現象をそのまま受け入れられない人が多数いる。私もその一人である。この「不思議」を解消するためには、やはりジャーナリズム、ジャーナリストの持つ意味を考える必要がある。

3　既存のシナリオからの脱却

ジャーナリストはいうまでもなく、ニュースを生産する専門職業人である。専門職業人は、概して前例に依拠する傾向が強くなる。前例を知悉しているからこそ、専門家と呼ばれるのである。ジャーナリストにしても、過去に生じた出来事を参照しながら記事を書く。「参照」というのは穏やかな表現で、「囚われる」と表現した方が適切かもしれない。既存の枠組みをもとにして、直感的に出来事の重要度を判断し、取材し、報道する。この一連の作業を通して、（意図する、しないは別にして）出来事の意味づけを行う。記者（そして編集者）は、条件反射的に前例にしたがいつつ、出来事をニュースに変換していくのである。これはジャーナリストの一つの顔である。

その結果、多くの読者にとっては理解しやすい記事が作成されることになる。たとえば、「アラブの春」、そしてチュニジアに端を発した「ジャスミン革命」は、「中東の民主化」という言葉でわかりやすく語られた。「民主化」、あるいは「革命」という言葉が先行したのである。もちろん、現場からの報告の中にも、こうした言葉に惑わされることのない冷静な記事があったのも事実である。しかし、当時のジャーナリストの多くは、いくつかの条件は付しながらも、「民主化」という言葉によって中東の政治変動をとらえ、伝えていたのではないか。「民主化」という既存のシナリオ、あるいは「物語」をまずは設定し、その枠の中でこの状況の意味づけを行おうとしたのではないか。

もちろん、だからといって、新聞記事が既存の思考の枠組みを揺さぶり、変化をもたらすのに有益ではないと主張するつもりは毛頭ない。特有の優れた嗅覚を働かせ、社会の暗部に光をあて、皆が気づかない問題をえぐり出し、適切な報道、解説、論評を行う記事が多数存在するからである。専門的な情報や知識に裏づけされた記事、それにもとづいた独自の解釈や意味づけを行う仕事は確かに存在する。これは、専門職業人としてのジャーナリストのもう一つの顔といえるかもしれない。

4　瞬間風速で判断することの危うさ

二〇一五年九月一八日の毎日新聞は、「クローズアップ二〇一五：憲法解釈変更、公文書残さず　揺らぐ『法の番人』」という見出しで、以下の記事を掲載した。それは、「政府の憲法解釈を一手に担う内閣法制局が、四〇年以上維持してきた『集団的自衛権の行使は違憲』という判断を昨年夏、一八〇度転換した。その過程を記す公文書は何も残されていない。……国のかたちを根底から変える九条の解釈変更について、法制局はたった一日の審査で『意見なし』とし、結果は憲法解釈を担当する第一部の参事官が電話で内閣の担当者に伝えた」（日下部聡ほか）というものであった。安保法制に関する論議が高まっていたことから、この記事はきわめて時宜を得た内容であった。「立憲主義」対「集団的安全保障の必要性」という二分法図式とは異なる角度から、内閣法制局の集団的自衛権に対する取り組みの問題点を浮き彫りにしたからである。

しかし、その一方で、まずは物語ありきの既視感を覚える記事が数多く掲載されていたという指摘もできる。たとえば、「SEALDs（自由と民主主義のための学生緊急行動）」に関する記事、すなわち「東京・渋谷や国会前などで数千人を集める力を持つ。そのスタイルは斬新だ。洗練されたデザインのプラカード。軽快なヒップホップのリズム。今風の若者がラッパーのようにコールする。『戦争立法絶対反対』『民主主義ってなんだ』『言うこと聞かせる番だ、俺たちが』」（前田直人、朝日新聞、二〇一五年六月二八日）がそれにあたる。SEALDsの活動は、原発反対を叫ぶ一連のデモ、あるいは時代をさかのぼって「六〇年安保」や「ベ平連」のデモと関連づけられ、朝日新聞をはじめいくつかの新聞では大きく報じられた。

『ぼくらの民主主義なんだぜ』（高橋源一郎著、朝日選書）のように、SEALDsの活動を「新たな民主主義の芽生え」と評価することはもちろん可能である。二〇一五年六月に選挙権の年齢が一八歳に引き下げられ、ソーシャルメディアを利用したデモや集会への動員という点も含め、若者の政治行動に一層注目が集まるようになったことも理解できる。この運動を貶めようとした、一部保守派の発言は論じるに値しない。

それでもなお、この記事のような書き方には違和感を覚えてしまう。なぜなら、政治・社会運動に関しては、瞬間風速だけで判断することは控えるべきと考えるからである。この種の運動はかなりの期間持続しなければならず、影響力を増すためには、程度の差はあれ一定の組織化が必要になる。ところが、ＳＥＡＬＤｓに関してはその展望が明確になっていなかった。加えて、運動はつねに制度（選挙など）を視野におさめ、制度化された組織（政党など）と連携する必要が生じてくる。それが民主主義のもう一つの現実である。

ＳＥＡＬＤｓの運動とそれに関する報道が安保法制反対の世論と連動していたという評価もできようが、当時実施された世論調査を見るならば、その影響力は限られていた。二〇一五年九月二一日の朝日新聞の世論調査結果によると、「安全保障関連法案」が憲法違反か否かについては「違反している」五一％、「違反していない」二二％、安全保障関連法について、安倍政権が広く国民の理解を得ようとする努力してきたかについては「十分にしてきた」一六％、「十分にしてこなかった」七四％、他の国の戦争に巻き込まれる可能性については「高まる」四一％、「高まらない」二一％、というように、この法案に関しては厳しい批判が存在していたのは事実である。

ところが、その一方で、この法案に関する「賛成」三〇％、「反対」五一％、抑止力が高まるかについては「高まる」三二％、「高まらない」四三％、となっており、国論が二分されているとはいえないにしても、この法案に意義を認め、賛成する意見も少なからず存在していた。また、ＳＥＡＬＤｓとの共闘を行おうとした野党の法案への対応に関しては、「評価する」三四％、「評価しない」四九％であり、批判的な意見の方が多かった。さらに、安倍内閣の支持率も「支持する」三五％、「支持しない」四五％というように、政権維持の危険水域にまで達することはなかった。しかも、その後の安倍政権の支持率は上向きになったのである。

5 若者のメディア接触と政治意識

前述したように、ＳＥＡＬＤｓの活動を新たな民主主義の芽生えという見方はもちろんできるし、この運動と連動しながら多くの論者が「立憲主義」を軽視する安倍政権に対して厳しい批判を行ったことも高く評価できる。その観点からすれば、この運動を積極的に報道することを通じて、新聞ジャーナリズムは政権批判、さらには権力監視という本来の機能を担ったという見方も当然できる。

こうした報道は一部の読者には歓迎されたに違いない。ただし、先の世論調査結果にも表れているように、この報道姿勢は日本の安全保障に関する論議の活性化を妨げ、安保法制や安倍政権の支持層の主張を軽視したと見ることもできる。若者だけでなく有権者の中には国家の安全保障という重要な問題に関しては、より多くのシナリオを想定しながら複数の問題を連関させつつ論じることが必要であると考える人も多数いた（いる）はずである。昨今の複雑な国際情勢、なかでも東アジアの国際関係を見るならば、こうした観点から報道し、論じることには相応の説得力がある。これらの人々が、ＳＥＡＬＤｓのデモに乗じて法案反対を叫ぶ野党党首の姿に困惑したのである。

繰り返すが、「新たな民主主義の芽生え」は評価すべきである。また、活字離れ、マスメディア離れが急速に進んできた若者の間で、安保法制という問題、それをめぐる報道が政治に対する関心を高めてきたことは注目に値する。ただし、多くの若者が必ずしも「政治離れ」をしているわけではない。

学生に聞いても、「イスラム国」に関する知識はある程度持っているし、安保法制について尋ねると、それなりの回答をしてくる。マスメディアの権力監視機能に関しても、その必要性は認識している。しかし、重要かつ複雑な問題を単純化して報じることに関しては強い警戒感を示し、マスメディア自体を権力機関と見なす意見はかなり共有されている。マスメディアへの接触度は低下してきたが、ソーシャルメディアを通じて社会の動きはある程度知り、一部のサイトを読むことでマスメディアとは異なる見解を持つことが一般化してきたのである。

したがって、マスメディアが前例主義に陥り、紋切り型の言葉によって出来事を語ることだけでは、若者は満足しない。誤解を恐れずにいえば、そうした報道に「面白さ」を感じなくなっている。もちろん、事実の確認というレベルでは、マスメディアの報道をそれなりに受容はしている。

とはいえ、たとえばシリアの内戦、「イスラム国」によるテロ、難民問題との複雑な連関、原発に代わる自然エネルギーの普及の困難さ、社会福祉と税負担とのバランスの難しさ、日米安全保障条約の重要性と沖縄基地問題との矛盾、これらについては詳しい情報や知識を持っていなくても、一方的な報道や見解が提示されるだけでは満足しない。彼らの疑問は解けないのである。そうした情報に対しては、「拒否したくなる」、あるいは「逃げたくなる」、それが成熟しきった日本社会における多くの若者の実態といえる。

6 対論の場としてのフォーラム／「顔の見える」情報発信

さて、これらの若者たちと新聞ジャーナリズムはどう向き合えばよいのだろうか。「途方に暮れている」というのが新聞記者たちの実感であろう。でも、若者はジャーナリズムに対して関心がないわけではない。その数は減ってきたものの、いまだ憧れの職業の一つであることは間違いない。動機はさまざまであるが、自らの存在証明を示せる職業という認識は抱いている。ジャーナリズムの重要性を否定する人はほとんどいない。

新聞ジャーナリズムの価値に対する認識を、特に若者の間で高めること。それこそが、ジャーナリズム教育やジャーナリスト育成の出発点であることは疑いない。映像もなく、また速報性でも劣る新聞ジャーナリズムがアピールするためには、社説はともかく、フォーラム面などでは多様な意見を掲載すること、とりあえずはそれが必要になる。

たとえば朝日新聞は、佐伯啓思の「異論のススメ」を毎月掲載している。「冷戦以降、確かに『国際環境』は変化しており、アメリカの力は低下し、アジアは不確定要因に包まれている。集団的自衛権の部分的容認を求める安倍首相の今回の提案は、その賛否はともかく、この状況への新たな対応を目指すものであった」（二〇一五年七月三日）という見解は、朝日新聞の主張とは相容れない。同様に、その前年集団的自衛権に関する論議が高まった際にも、「日本の安全は米国の軍事力の下で確保され、米国の集団的自衛権に頼っている。米軍が苦境に陥ったとき、日本も米艦船を守るのでなければ、日米同盟は成り立たない。だからといって、無制限に集団的自衛権を行使すべきではない。日本の安全に極めて重大な影響があるとき、日本ができる範囲に限定すべきだ」（二〇一四年五月一六日）という五百旗頭真の発言が報じられたこともある。

気になるのは、朝日新聞が紙面でこうした主張に何ら反論していないことである。安保法制に理解を示す意見が「言いっ放し」なのである。せっかくのフォーラム面である。有識者同士でもよいが、それよりも記者自身が対論の形で自社の主張とは異なる有識者となぜ議論しないのか。「それは違います。おかしいと思います。その意見には反対です」、こうした言葉を紙面で見ることはまずない。限られた紙面、文字数とはいえ、異なる主張がぶつかり合う緊張感、それを伝えることが必要なのではないか。

それからもう一つ。これだけ多様なメディアが存在し、その多くは映像によって情報を伝達している。かなりの程度「顔の見える」情報発信が行われているのである。新聞記事も署名記事・コラムはずいぶん増えたし、記者の顔写真もよく見るようになった。でも、新聞を読まない大部分の若者にとっては、新聞を読むことはハードルが高い行為であり、新聞記者は非常に遠い存在である。

講演や講義を聞いた小説家や大学教員の文章が読みやすく感じるという経験をしたことはないだろうか。だとするならば、新聞記者はこれまでのスタイルを変えて、積極的に映像に身をさらす方がよいのではないか。テレビやインターネットを通じて、視聴者に直接語りかけるのもいいだろう。あるいは、複数の主張の異なる新聞社の記者同士で意見をぶつけ合う、そうした番組やサイトがあってもいいはずである。若者にはインターネットの方がアピールできるかもしれない。各新聞社は試行錯誤しながら、多種多様なネット戦略を進めている。しかし、記者が登場する機会は限られている。

取材や記事を書くことに専念したい記者、話すのが苦手な記者、記者のプライバシー、さまざまな問題があることはわかっている。しかし、新たな新聞読者を獲得するためには、このくらいの荒療治が必要である。それが新聞ジャーナリズムを再生させることになり、そしてジャーナリズム教育の礎を築くことにつながると思うのである。それほど事態は深刻である。

7　社会の複雑さをどう表現するのか

先日、『色彩を持たない多崎つくると、彼の巡礼の年』（村上春樹、文春文庫）を読み終えた。例によって、時代をこえた登場人物が複雑に連関しながら複数の物語が進んでいく。一つの物語は最後にはそれなりに終わりを告げるが、他の物語は放置されたままである。現代社会の複雑さが埋め込まれたような小説である。だからこそ多くの読者は、村上の作品に引きつけられるのであろう。

新聞ジャーナリズムは、社会がかかえる複雑な物語をどのように引き受けるのか。もちろん、新聞紙面でフォーラム機能を充実させつつ、努力していくことは大事である。しかし、どうやらそれだけでは効果はあまり期待できそうもない。「紙の新聞」、テレビ、ネットを活用し、文字だけでなく映像を積極的に活用して、報道、解説、論評、そして論争を行うこと。その方向に大胆に踏み出すことが、今、新聞ジャーナリズムに求められており、それこそがジャーナリストの魅力を増すために必要なのではないか。

第11章　ジャーナリズム論への誘い——読書の手引き

本書ではジャーナリズムに関して、これまでいくつかの問題を取り上げ、さまざまな角度から考察を試みてきた。最後に、ジャーナリズム、あるいはジャーナリズム論について、より深く考えるために役立つと思われる本を、私の書棚の中から一二冊選んで、以下掲げてみる。

①　なだいなだ『権威と権力——いうことをきかせる原理・きく原理』岩波新書、一九七四年。
②　安田浩一『沖縄の新聞は本当に「偏向」しているのか』朝日新聞出版、二〇一六年。
③　外山滋比古『エディターシップ』みすず書房、一九七五年。
④　ウォルター・リップマン『世論（上・下）』（掛川トミ子訳）岩波文庫、一九八七年。
⑤　辺見庸『不安の世紀から』角川文庫、一九九八年。
⑥　玉木明『ニュース報道の言語論』洋泉社、一九九六年。
⑦　ゲイ・タックマン『ニュース社会学』（鶴木眞、櫻内篤子訳）三嶺書房、一九九一年。
⑧　ダニエル・ダヤーン＝エリユ・カッツ『メディア・イベント——歴史をつくるメディア・

セレモニー』(浅見克彦訳)青弓社、一九九六年。
⑨ 野家啓一『物語の哲学』岩波現代文庫、二〇〇五年。
⑩ 小林直毅編著『「水俣」の言説と表象』藤原書店、二〇〇七年。
⑪ 朝日新聞取材班『戦後50年　メディアの検証』三一書房、一九九六年。
⑫ 鶴見俊輔＝関川夏央『日本人は何を捨ててきたのか』ちくま学芸文庫、二〇一五年。

本章では、これらの本をあげた理由について述べるとともに、関連する興味深く、かつ刺激的な本も紹介してみる。

1 権力と世論を考える

ジャーナリズムを考えるための起点になる本として、①なだいなだ『権威と権力』をまずあげておきたい。ジャーナリスト、あるいはジャーナリズム研究者は、メディアにとってもっとも重要な使命は権力監視だとよくいう。そして、権力や民主主義といった言葉を好んで使う。しかし、その使い方が慎重さを欠き、無警戒なことも多い。この本には権力、そして権威に関する数多くの「考えるヒント」が散りばめられている。対話形式で書かれていることもあり、比較的読みやすく、問題の本質を考えさせてくれる一冊である。

学生には、同じ著者の『民族という名の宗教』（岩波新書）もよく勧める。権力、権威、民主主義、民族間の対立や紛争について腰をすえて考えてほしいからである。

次も、ジャーナリズムにとってはやや周辺的な本をあげてみる。それは、加藤周一『日本人とは何か』（講談社学術文庫）である。加藤はこの本の中で、「この信じるでもない、信じないのでもない、『信じるふりをする』という態度」という言葉で日本社会を評している。本書の第7章で、戦後日本社会の「大きな物語」の一つとして民主主義をあげた。しかし、はたして民主主義という政治システムを、私たちは信じてきたのだろうか。「信じるふり」をしてきただけではないのか。このシステムの本質、システムがかかえる問題について深く考えをめぐらせてきたのだろうか。言葉だけを一人歩きさせて、思考停止の状態に陥っているのではないだろうか。

テレビのワイドショーは、怒り、悲しむ「ふり」をするコメンテーターの言葉と表情であふれている。ここでも出来事や事件の本質は置き去りにされている。本書でも再三述べてきたように、ジャーナリズムが世論を喚起し、政治を変えるという図式は民主主義政治の基本にある。私もかつては、この図式を当然のように受け入れていた。しかし、スローガンやキャッチフレーズだけが飛びかい、メディアと世論だけでなく、政治家や官僚といった政治エリートもそれに振り回されてしまう。急速に盛り上がる「ふり」だけの世論は、瞬く間に冷めてしまう。こうした現象は、繰り返し生じてきた。

世論を考えるうえで、多くの示唆を与えてくれるのが「世間」という言葉である。「世間」に関する阿部謹也の一連の著作、たとえば『「世間」とは何か』（講談社現代新書）、そして井上忠司『世間体の構造』（講談社学術文庫）がある。これらの本は、特に日本社会の人々が、「世間」という制約の中で生きていることを教えてくれる。社会の多数派に同調すべきという圧力、それが「世間」という言葉に集約されている。目に見えない「世間」の壁、それはジャーナリストの活動にも影響を及ぼしているに違いない。

加えて、近年、世論形成に大きな力を発揮するようになった「ネット世論」も当然視野に収める必要がある。感情的な意見が発露されるネット空間、こうしたイメージがだいぶ普及してきた。安田浩一『ネットと愛国』（講談社＋α文庫）は、豊富な取材をもとに、やや特殊な社会運動（在特会）とネット世論の関係を描くことに成功している。インタビューにもとづきながら、安田は「（ネット空間の）大衆化はネットの世界に論理ではなく感情を持ち込んだ。……ネット言論は〝激しさ〟〝極端〟こそが支持を集める。……平等・平和といった戦後民主主義の根幹など、……手厚く守られてきたものであるだけに、最大の〝敵〟として認知されてもおかしくない。そこに立ち向かうものこそがヒーローなのだ」というきわめて刺激的な言葉を並べる。

これ以外にも、安田は②『**沖縄の新聞は本当に「偏向」しているのか**』という、じつに興味深い本を著している。琉球新報と沖縄タイムスの記者を対象にインタビューを重ね、多くの貴重な言葉を引き出すのに成功している。安田は「偏向を増幅させる『言葉と空気』」という一節の中で、「国がすることに逆らうな――新基地建設に反対する沖縄県民を『売国奴』と罵るような世論が、作家や政治家、一部メディアによって煽られているのだ……標的として最もわかりやすい存在のひとつがメディアなのだろう」と述べる。そして最後に、「沖縄の記者は、沖縄で沖縄の苦渋を吸収しながら、沖縄をさらに知っていく。そして、その場所から沖縄を発信していく。それは『偏向』なんかじゃない。記者としての軸足だ。地方紙の果たすべき役割なのだ」という言葉で締めくくる。

これらの本を通じて、私たちは権力、民主主義、世論といった概念についていったん立ち止まって考え、より慎重にこれらの言葉を用いるべきであろう。

2　出来事の「編集」

ジャーナリズムに直接向き合い、考える際に参考になる書物も数多くある。私自身、そうした本から多くのことを学んできた。ジャーナリズムの仕事の基本は、報道を通じて出来事を「再現」することである。しかし、出来事すべてを再現することなど絶対にできない。本書でもたびたび言及してきた「編集」という作業が必ずつきまとうからである。

出来事を構成するいくつかの事実が「編集」されたもの、それがニュースである。この当たり前のことに気づくと、ジャーナリズムについて考える幅が広がる。「編集」について考えるのに役立つ本、それが③**外山滋比古『エディターシップ』**である。この本に出会うことで、私のジャーナリズムの見方は大きく変わった。その時の興奮は今でも鮮明に覚えている。この本も含む外山の作品は、『外山滋比古著作集（全八巻）』（みすず書房）として出版されている。

外山は『エディターシップ』の中で、「連想の文法」という言葉を用いながら次のように述べる。それは、「社会生活をつづけているうちに、実際的に望ましい効果をもたらすような連想のみが強化されて、範囲も次第に限定されるから、結合し合う相手を固定して、連想自体が常識的になってゆく」、あるいは「なまの世界と思っているのは、心のエディターシップによってつなぎ合わされた心理的世界の投射にほかならない」というものである。

これらの言葉に出会うと、ニュースというジャーナリズムの産物が（あるいは解説や論評までもが）、いかに連想の文法によって成立し、個々のジャーナリストがエディターシップを発揮しながらその作業に携わっているかが思い知らされる。どれほど出来事を多様な角度から取材するにしても、ジャーナリストが連想の文法から逃れることはそう簡単ではない。連想自体が「常識的」になると、多様な顔を持つはずの出来事は、既存の思考の枠の中に収められることになる。

もちろん、できるだけ多くの読者・視聴者・聴取者に、迅速に、そしてわかりやすく伝えたいというジャーナリストの志向性が存在する以上、この論理が大きく作用することはやむを得ないという見方が存在するのは確かである。しかし、ジャーナリスト自身がその危険性を認識しておく必要はある。それはジャーナリズムを学び、研究する者も同様である。

この点に関しては、**④ウォルター・リップマン『世論』**がじつに興味深い論を展開している。だから私は、ジャーナリズム論、あるいはマス・コミュニケーション論の必読書としてこの本をいつもあげることにしている。ただし、この本は各章が論理的に構成されているわけではなく、またリップマン自身がジャーナリストということもあり、本格的かつ学術的なジャーナリズム論の一冊としてあげることは難しい。しかし、たとえば「われわれはたいていの場合、見てから定義しないで、定義してから見る」という、かの有名な言葉に象徴されるように、固定観念（ステレオタイプ）にもとづいて出来事や事実を眺めてしまい、それが報道に多大な影響を及ぼすという問題について批判的に考えるうえで、この本は大変有益である。

3　出来事の「名づけ」・「意味づけ」

一九九五年三月二〇日、「地下鉄サリン事件」が起きた。この事件を含む一連の「オウム事件」

を通じて、日本のジャーナリズムはさまざまな深刻な問題を突きつけられた。松本サリン事件の誤報、「TBSビデオ問題」などがそれにあたる（第2章、参照）。

当時、新聞記者でありながら、一市民としてこの事件に遭遇した辺見庸は、自らの体験にもとづいて痛烈なジャーナリズム批判を行った。その代表作が、⑤**辺見庸『不安の世紀から』**である。この本は強烈な印象を私に与えた。辺見は、「（地下鉄サリン事件は：引用者）当初は全体として非常に静謐な現場でした。いわば報道の内容とは矛盾するものだったのです。……でも、それでは原稿ができない。映像にもならない。そこで、〝無駄〟な要素を全部そぎ落として単純に意味化してしまう。そうやって予めつくりあげたストーリーに整合しないものを全部こそげ落としていくという作業が無意識のうちに、しかも誠実になされていったのではないか」と述べた。

ここで用いられた「無意識」と「誠実」という言葉は、ジャーナリズムにとってきわめて大きな意味を持っている。というのも、規範的観点から見れば高く評価されるはずのジャーナリストの職務に対する熱意、あるいは職場の規範や倫理に対する忠実さ、それ自体が問題視されているからである。この本で示された辺見の見解は、吉本隆明との対談集『夜と女と毛沢東』（文春文庫）においても別の形で展開されている。

こうした辺見の批判は、村上春樹『アンダーグラウンド』（講談社文庫）をあわせて読むと理解が一層深まる。特にこの本の「あとがき――目じるしのない悪夢」の記述は圧巻である。村上はオウム事件をめぐる報道と世論について、「マスメディアの依ってたつ原理の構造はかなりシンプルなもの」で、「人々は多かれ少なかれ、『正義』『正常』『健常』という大きな乗合馬車に乗り込んだ」こと、そしてそれにより「あの事件そのものを過去という長持ちの中にしまい込みにかかっているように見えた」と述べる。そして、この状況を打開するために「私たちが今必要としているのは、おそらく新しい方向からやってきた言葉であり、それらの言葉で語られるまったく新しい物語（物語を浄化するための物語）なのだ」という言葉で結ぶ。

村上は別の本の中で、「問題は、社会のメイン・システム」に対して「ノー」と叫ぶ人々を受け入れることのできるサブ・システムが、日本の社会に選択肢として存在しなかったことにある」（村上春樹『雑文集』新潮文庫）と述べ、この事件の背景について興味深い診断も下している。サブ・システムの不在が、オウム真理教に入信する重大な契機になったというわけである。

外山、リップマン、辺見、そして村上、いずれもが繰り返し主張するのは、「編集」という過程における出来事の「名づけ」という作業の重要性、そして名づけを通じた出来事の意味づけや定義といった問題である。そして、ジャーナリズムはそれに深くかかわっているのである。ただし、これらの本は、ジャーナリズムに対して警鐘を鳴らしているだけではない。ジャーナリズムも含めた、戦後日本社会の負の側面を見事にえぐり出している。その点でも貴重である。

4 客観報道と作られる「現実」

本書で論じてきたように、ニュースでは、一般に名づけを通して出来事の意味づけが行われ、それを通じて社会に対して一定の価値観が提示されている。たとえば、「善悪二元論」に立ちながら、出来事がニュースとして語られる場合、このような価値観は確認され、社会で再生産されることになる。

こうした視点に立つと、ジャーナリズムが掲げる客観報道主義、あるいは公正・公平な報道という倫理的な規範、あるいは努力目標にしても、異なる角度からの考察が必要となる。なぜなら、事実をたんに報じるだけのストレート・ニュースにしても、見出しに象徴される出来事の名づけという作業は不可欠であり、それには必ずや出来事の意味づけ、定義づけ、そして評価が行われることになるからである。

この種の問題の重要性に気づくと、ジャーナリズム論はもう一つの道に歩みを進めることになる。⑥**玉木明『ニュース報道の言語論』**は、そのことを私に教えてくれた。玉木はいわゆる研究者ではなく、新聞記者・雑誌記者を経験した一人の書き手である。しかしそのぶん、ニュースの言語を考える際に有用な文献や資料を既存の研究領域の壁を越えて渉猟し、自分の言葉で語ることが可能になった。私も含め関連する研究者に猛省を促した一冊といっても過言ではない。

さまざまな思想や理論に依拠しながらも、玉木の問題関心は日本のジャーナリズムに向けられている。たとえば、近年その割合は大きく減少したが、かつては新聞記事の多くを占めていた無署名の新聞記事について、玉木はそこで用いられている言葉を「無署名性言語」と呼ぶ。そして、「〈わたしは〉と発語することが禁じられているということは、〈あなた〉や〈かれ〉や〈世界〉と関係を結ぶな、といわれることに等しい。それはまた、みずからの主体を構成するな、といわれているに等しいことになる」という厳しい見解を提示する。

さらには、ニュースの言語に関しては、「ニュースの言葉が既存の世界認知しか提示しえないということは、同時に〈世界〉に対して直接異議申し立てできない言語、みずから新しい世界認知を提示する能力をもたない言語ということを意味している」という刺激的な言葉を並べる。これらの見解を提示した後、玉木は「皇太子妃内定」、「イエスの方舟事件」、「サンゴ落書き事件」などの報道を取り上げ、そこで用いられたニュース言語に関して鋭い、かつ批判的な分析を行った。玉木はまた『言語としてのニュー・ジャーナリズム』（学藝書林）という優れた書も執筆している。

『ニュース報道の言語論』の理論的背景にある一冊が、⑦**ゲイ・タックマン『ニュース社会学』**である。この本の基盤にあるのが、現象学的社会学、あるいは社会的構築主義と呼ばれる一群の社会学理論である。そのぶん、かなり難解な内容になっている。しかし、既存の政治理論や社会理論を参照しながら、ジャーナリズムやマス・コミュニケーションを論じることの難しさを実感していた私にとって、『ニュース社会学』は大きな壁を取り払ってくれた本であった。

これらの社会学の理論は、社会現象や社会的出来事といった「現実（reality）」がそのまま存在するとは考えない。「現実」というのは人々の意識や感情の中で構築・構成されるという見方をとる。それは、リップマンの言葉を借りれば「人々が頭の中で描く世界」ということになる。そして、「現実」の構築・構成のされ方は、日常生活の中で暗黙の前提とされているさまざまな条件、特に制度や規範、さらには前述した社会の多数派が共有する「大きな物語」によって制約されていると考えるのである。

こうした視点に立ちながら、タックマンはニュース制作という行為が「現実の反映というより、現実を構築する行為」として、あるいはニュースが「社会的現実の特定の理解を促すように巧みに作られたもの」という見方を提示する。換言すると、ニュースを作るジャーナリスト、そしてニュースを受容する人々、両者はそれらの行為を通じて、すなわち出来事の意味づけや評価という作業に関与することによって、社会の規範や制度、支配的価値観とそれにもとづく「大きな物語」を再生産していると考えるのである。

タックマンはまた、ニュースの制作過程が各メディアの取材体制によって制度化されている点も強調している。そこでは「ニュースの網」という言葉を使いながら、記者の配置、すなわち取材体制による、出来事の選択における偏りの問題に関して興味深い考察が行われている。理論と分析がバランスよく配置されているこの本を、私はジャーナリズム論の必読書として勧めている。

メディアの報道と社会の多数派が共有する価値観が共鳴することで、たとえば支配的な世論が形成されることになる。それが国民の国家に対する求心力を増大させ、国益の拡張をはかる方向に作用すると、「メディア・ナショナリズム」という傾向が強まることになる。メディア・ナショナリズムとは、「マスメディア、およびインターネットなどのニューメディアの普及が、ナショナリズムを増幅させる一連の現象」を指す。この考え方をもとに、二〇〇五年に中国で生じた「反日運動」を事例に分析を行い、検討したのが、大石裕・山本信人編著『メディア・ナショナリズムのゆくえ』（朝日選書）である。

5　「メディア・イベント」論へ

「現実」をこのようにとらえるならば、先ほど述べた、ジャーナリズムが世論を喚起し、政治を変えるという図式がやけに単純に見えてくるに違いない。私たちが頭の中に描く世界、すなわち「現実」とは何かという重大かつ難解な問いが突きつけられることになるからである。

こうした「現実」の構築や構成にジャーナリズムが多大な影響を及ぼし、その中心に位置しているのは間違いない。しかし、タックマンの見方によるならば、社会的な出来事や現象に関する「現実」は、通常は社会の支配的な価値観やものの見方、さらには社会で共有されている記憶（それは「集合的記憶」と呼ばれている）と連動しながら作り上げられることになる。ここまで考えが及んでいくと、ジャーナリズム論はさらに一歩進んで、社会的な出来事やイベントそれ自体にジャーナリズムがどうかかわるかという問題へと展開していく必要が生じてくる。

じつはこの問題は、私たちが日常的に接するイベントを通していくらでも観察できる。すなわち、報道され、社会に広く知られること、すなわち出来事やイベントの生起や展開にメディアやジャーナリズムが深くかかわるというわけである。この問題にまで踏み込んで考察を加えたのが、**⑧ダニエル・ダヤーン＝エリユ・カッツ『メディア・イベント』**である。メディアによって取材し、報道されることを前提に、出来事やイベントが計画され、実行に移されるのである。この本では、たとえばイギリス王室の儀式が事例として扱われている。この種の問題は、ダニエル・J・ブーアスティン『幻影の時代』（東京創元社）によっても検討されている。

こうした観点は、「戦争報道」を考える際にも当然役に立つ。日本語の感覚からすると、戦争をイベントと呼ぶのは躊躇するが、それでも「湾岸戦争」（一九九〇〜一九九一年）、「同時多発テロ」（二〇〇一年）、「イラク戦争（内戦）」（二〇〇三年〜）では、メディアの報道を強く意識して、戦争というイベントが計画され、実際に戦闘が行われたという側面があるのは否めない。特に、

「湾岸戦争」では実態とは大きくかけ離れた「クリーンな戦争」というイメージがメディアを通じて一時期構築されてしまったのである。

メディアと戦争との深いかかわりを考えるうえで参考になるのが、高木徹『戦争広告代理店』（講談社文庫）である。この本は、メディアを通じた情報操作、あるいは情報戦についての、ボスニア紛争を事例としたルポルタージュである。戦争ＰＲを請け負う業者の力によって、国際世論が動く状況が見事に描かれている。

6　ニュースの物語と言説

この段階にまでたどりつくと、本書でも繰り返し論じてきた、ジャーナリズム論のもっとも重要な研究テーマの一つであるニュースバリューにしても再考しなければならなくなる。先に触れた取材体制の問題も、ニュースバリューの問題に接続している。一般に、ニュースバリューの高い情報が提供される可能性が高い場所に記者は常駐しているからである。

また、ニュースバリューの形成要因について考えようとするならば、「現実」の構築・構成と同様、ジャーナリズムとそれを取り巻く社会との関係が重要になる。なぜなら、ニュースバリューはジャーナリズムの中で共有されると同時に、社会の多数派の要求や欲求に対応するという側面を持つからである。もちろん、ジャーナリズムのニュースバリューと社会の支配的価値観、両者がつねに一致するわけではない。しかし、ジャーナリズムのニュースバリューは、社会の価値観の分布を反映し、同時に社会の多数派の価値観を集約し、さらには突出させる機能を持つと考えられる。

こうした関心は、次にはニュースを一つの物語として分析する手法へと向かうことになる。というのも、ニュースの物語分析ではメディアからオーディエンス（受け手）というニュースの流れではなく、ニュースという情報が社会に及ぼす累積的な影響や作用という観点からニュースの分析を行うことが重要になるからである。すなわち、ニュースという情報によって形成される知識や記憶、そしてその集積体としての出来事や社会に関するイメージにまで踏み込んでニュースの制作や受容について考察を加えることが重要になるのである（第1章、参照）。

物語論を理解するのにきわめて有益なのが、⑨**野家啓一『物語の哲学』**である。野家は、「われわれは過ぎ去った知覚的体験そのものについて語っているのではなく、想起された解釈学的経験について過去形という言語形式を通じて語っているのである。『知覚的体験』を『解釈学的経験』へと変容させるこのような解釈学的変形の操作こそ、『物語る』という原初的な言語行為、すなわち『物語行為』を支える基盤にほかならない」と述べる。

この物語（行為）論は、ニュースをめぐる諸問題に直接言及するものではない。しかも、この本はやや難解な筆の運びとなっている。しかし、社会で共有される知識、記憶、イメージに対するニュース・テクストの影響力という観点からすると、非常に興味深い記述が数多く見られる。ここでいう「解釈学的変形の操作」と、ニュースの制作と受容の過程における既存の知識、記憶、イメージの再生産あるいは変化とは密接に関連するからである。このことが、前述したニュースバリューの問題と十分接続可能なのは容易に理解できよう。

さらに、こうした問題意識は「言説分析」と連関するが、その視点からジャーナリズム論を展開したのが、大石裕『ジャーナリズムとメディア言説』（勁草書房）である。ちなみに言説分析とは、以下のような問題意識からニュースの分析を行う手法である。

第一に、ある出来事、そしてその出来事に直接にかかわる人々がニュースによってどのように描かれ、意味が与えられるかという問題を扱う。それに関連して第二に、そうした出来事が、ある特定の歴史的な文脈、そして社会的な文脈の中で生じることを強く認識し、分析する。第三に、そうした出来事の描き方、定義づけ、意味づけという一連の作業において作用する、社会で共有されている規則や慣例も分析する。第四に、ジャーナリストによってニュースが制作され、それを一般市民が受容する過程を分析し、それを通じて社会の価値観の分布を探り当てようとする。第五に、その作業を通じて明らかになった社会の支配的価値観と、ニュースの制作や受容との関連について考察する。第六に、ニュースによる出来事やそれにかかわる人々に関する定義づけや意味づけという作業の中で、それを行う人々がアイデンティティをどのように形成し、社会の支配的価値観とどのように一体化するかという問題についての分析する。

言説分析を含め、ジャーナリズム、マス・コミュニケーションにかかわるさまざまな理論を体系的に、かつ手際よくまとめた本としては、デニス・マクウェール『マス・コミュニケーション研究』（慶應義塾大学出版会）、スタンリー・J・バラン＝デニス・K・デイビス『マス・コミュニケーション理論』（新曜社）がある。

7 ジャーナリズムの不作為

最後に、いわゆるジャーナリズムの「不作為」にかかわる本をあげてみたい（第1章、参照）。後から見れば、重要と判断される出来事を報道しなかった場合、あるいは報道してもその不十分さを批判する際に用いられるのがジャーナリズムの不作為という言葉である。「東日本大震災」が生じる前の原発報道に関する批判などがそれにあたる。

「水俣病事件」に生涯を捧げた原田正純は、「福島第一原子力発電所の深刻な事故を、どう受け止めましたか」という問いに対し、「懲りてないねえ」と答え、続けて「水俣病では、政府も産業界も学者も、安全性の考え方を誤ったんです。……危険が起きる前に危険を予測し、対策を立てられるはずだった。五〇年たっても教訓は生かされていない」（朝日新聞、二〇一一年五月二五日）と述べた。ジャーナリズム（あるいは研究者を含む専門家集団）の不作為の問題を考えるうえで、この発言は私たちに重くのしかかる。

本書でも何度か触れた水俣病事件に関するジャーナリズムの不作為をさまざまな角度から検証した本、それが、⑩**小林直毅編著『「水俣」の言説と表象』**である。この本は、一九五〇年代後半から六〇年代にかけての当時のジャーナリズムを批判するために編まれたが、その射程はその先に伸びている。すなわち、水俣病報道が十分行われなかった理由を、ジャーナリズムだけに求めるのではなく、当時の日本の政治・社会・経済の文脈から問い直そうとするのである。この視座は、「『水俣』に暮らす人びとの身体、生命、生活よりも、この国の経済発展と、それを支えるチッソの生産を優先させるイデオロギー的言説は、胎児性水俣病患者の身体と生をも、抑圧的に構築し、忍従させる」という一文に象徴される。

こうした問題設定は、じつはアジア太平洋戦争の報道に対する強い反省とも共振する。あるいは、ジャーナリズムの不作為を論じるうえで、当時の戦争報道は出発点に位置するというべきかもしれない。ここでは、朝日新聞『新聞と戦争』取材班『新聞と戦争』（朝日新聞出版）、そしてＮＨＫスペシャル取材班編著『日本人はなぜ戦争へと向かったのか――メディアと民衆・指導者編』（新潮文庫）を代表作としてあげておく。

⑪朝日新聞取材班『戦後50年　メディアの検証』もぜひあげておきたい。この本は、戦前と戦後の新聞報道について二二のテーマを掲げ、まさにメディア自ら検証したものである。水俣病報道に関しても、「おそろしくマスコミは忙しくて忘れっぽい」という石牟礼道子の印象的な言葉を紹介している。それ以外にも、「六〇年安保と七社共同宣言」、「ベトナム戦争」、「沖縄返還」、「原子力報道」、「松本サリン事件」などを扱っている。

最後に、歴史を重く受けとめ、深く考えるための一冊として、**⑫鶴見俊輔＝関川夏央『日本人は何を捨ててきたのか』**をあげておきたい。この本の中で鶴見は、さまざまな表現を用いて近代日本社会の病理を摘出するが、同時に以下に見るような独自の歴史認識、そして戦争観・平和観を提示する。それは、「戦争というのは、殺した人間と殺された人間が、すーと両方がせり上がって対峙する、この形がはっきり見えてこなければ、戦争を摑んだとはいえない。……いまの靖国神社の意味も認めますよ。だけども、それがもっと開かれていって、自分が殺した人間がすーと向こうからせり上がってくる、これがお互い握手して、これからは平和のために生きましょう、とね」というものである。

8　終わりに

私は学生に対して、「メディアを通じて社会を知る、社会を通じて自分を知る」という言葉をいつも投げかける。「社会」を「歴史」に置き換えてもよいだろう。それがメディアを、ジャーナリズムを研究する目的だと説いている。ジャーナリズムの本を読み、研究すること、それは社会そして歴史を知り、自分を知るためなのである。

もちろん、ジャーナリズムという業界や組織、そしてジャーナリストの仕事の内容に関して知り、研究することは大事である。でも、そこにとどまってしまうと、ジャーナリズム研究は本来の姿からかけ離れてしまうことになる。ジャーナリズムについては、社会、そして歴史の中で適切に位置づけながら論じなければならない。ジャーナリズム、そしてジャーナリズム論は、社会と歴史、つねにそれらとともに存在するからである。

初出一覧

第1章　「ニュースと『政治』を見る視点」『慶應義塾創立150年ブックレット　学問のすゝめ21　vol.13　ニュースという「知識」』（共著、慶應義塾）、2008年。

第2章　「時代とともに変容したメディアに今こそ必要な記録し批判する役割」『Journalism』（朝日新聞社）2015年8月号。

第3章　「テレビ・ジャーナリズムとテレビ政治」『月刊民放』（日本民間放送連盟）2012年7月号。

第4章　「放送ジャーナリズムの現在」『月刊民放』（日本民間放送連盟）2006年5月号。

第5章　「テレビに聞きたい！　行方不明の母親を捜す子供一家に密着する情緒的報道の意義とは」『SAPIO』（小学館）2011年5月11日号。

第6章　「政局報道と政策報道―「3.11震災報道」を中心に」『メディア・コミュニケーション』No.63、慶應義塾大学メディア・コミュニケーション研究所、2013年3月。

第7章　「激しい誤報批判の底流にある戦後の価値観を問い直す動き」『Journalism』（朝日新聞社）2014年12月号。

第8章　「池上氏との対論で再認識した多様な言論があることの価値」『Journalism』（朝日新聞社）2015年1月号。

第9章　「産経新聞・前ソウル支局長在宅起訴を考える」『nippon com.（ネット版）』2014年11月27日付。

第10章　「若者に魅力ある新聞ジャーナリズムへ――社会の複雑さをどう引き受けるかが課題」『Journalism』（朝日新聞社）2016年3月号。

第11章　「学際的な理論を手がかりに『現実』に近づく」『Journalism』（朝日新聞社）2013年8月号。

※本書に収録するにあたり、各章とも大幅に加筆・修正を行っている。

大石　裕（おおいし　ゆたか）
慶應義塾大学法学部政治学科教授。1956年生まれ。慶應義塾大学大学院法学研究科博士課程単位取得退学、博士（法学）。主要著作：『ジャーナリズムとメディア言説』（勁草書房、2005年）、『戦後日本のメディアと市民意識―「大きな物語」の変容』（編著、ミネルヴァ書房、2012年）、『メディアの中の政治』（勁草書房、2014年）、『ジャーナリズムは甦るか』（共著、慶應義塾大学出版会、2015年）、『メディアの公共性―転換期における公共放送』（共編著、同、2016年）、ほか。

批判する／批判されるジャーナリズム

2017年1月30日　初版第1刷発行

著　者――――大石　裕
発行者――――古屋正博
発行所――――慶應義塾大学出版会株式会社
〒108-8346　東京都港区三田2-19-30
TEL〔編集部〕03-3451-0931
〔営業部〕03-3451-3584〈ご注文〉
〔　〃　〕03-3451-6926
FAX〔営業部〕03-3451-3122
振替　00190-8-155497
http://www.keio-up.co.jp/
装　丁――――後藤トシノブ
組　版――――株式会社キャップス
印刷・製本――中央精版印刷株式会社
カバー印刷――株式会社太平印刷社

Printed in Japan ISBN978-4-7664-2397-6